W0274104

Maison & Travaux

Murs & Cloisons

Catherine Levard

SOMMAIRE

CLOISONS DE DISTRIBUTION
Matériaux

Le plan de distribution des pièces est déterminant pour créer un lieu de vie conforme aux exigences de chacun. C'est à partir d'un découpage réussi que l'on se sent bien chez soi.

Le cloisonnement intérieur distingue les pièces et en détermine les formats. Aussi convient-il de choisir un matériau adapté à l'usage et à l'architecture du lieu, en tenant compte des paramètres d'humidité, de bruit, de visibilité, de poids, de communication, de fluidité des déplacements, etc. Cloison mobile, opaque ou transparente, étanche ou silencieuse, courbe ou droite, ajourée ou non, partielle ou intégrale...

LES CLOISONS SÈCHES

Classiques et légères, en plaques de plâtre ou de Fermacell, sur une ossature métallique, avec un isolant intégré, les cloisons sèches adoptent différentes configurations selon le niveau d'isolation acoustique ou thermique visé.

- **Entre deux pièces chauffées,** on met en œuvre une ossature métallique traditionnelle (rails et montants), dans laquelle on intègre un isolant en laine minérale nu (de type « PAR Confort » d'Isover Saint-Gobain).

- **Renfort acoustique.** Les parements sont doublés (2 x BA 13), mais la structure porteuse reste la même.

- **Entre une pièce chaude et une pièce froide,** 2 couches d'isolant et 1 double ossature sont nécessaires. Côté froid, on place l'isolant non revêtu (« Isoconfort 32 » d'Isover Saint-Gobain) sous une plaque de plâtre hydrofuge « Placomarine » (Placoplatre), « Hydro KH » (Knauf) ou « Prégydro » (Lafarge Plâtre). Côté chaud, l'isolant est revêtu d'un pare-vapeur (orienté vers la pièce chauffée) sous une plaque de plâtre standard.

1

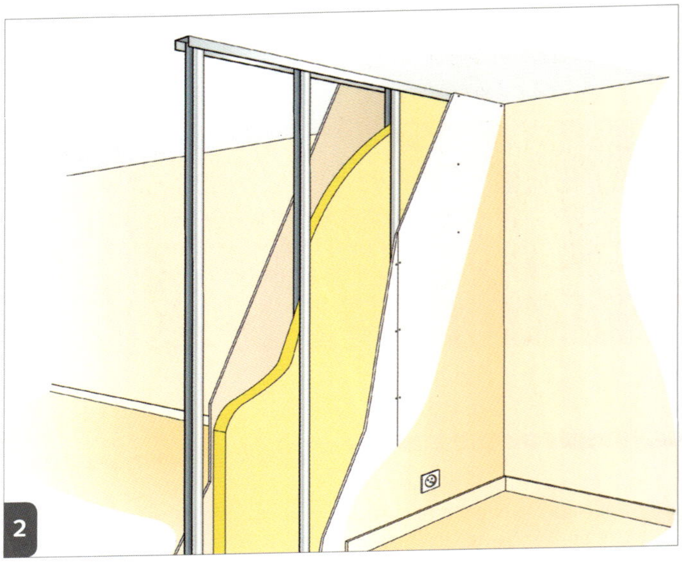

2

3

1 Une porte coulissante dans la cloison libère de l'espace au sol et sur les murs. Le système (Lapeyre) est compatible avec plusieurs modèles de porte et se dispense de rail au sol.

2 Entre deux pièces chauffées, la cloison se compose d'une laine minérale nue enchâssée dans une ossature métallique, laquelle est revêtue de plaques de plâtre.

3 Entre une pièce chaude et une pièce froide, la cloison est double. Côté chauffé, l'ossature intègre une laine minérale revêtue d'un pare-vapeur kraft, elle est habillée d'un parement en plaques de plâtre classique. Côté non chauffé, la deuxième ossature intègre une laine nue et reçoit un habillage en plaques de plâtre hydrofuge.

LES CLOISONS ACOUSTIQUES

Les points essentiels d'une cloison acoustique performante se résument ainsi :
- La laine minérale classique se remplace par une laine acoustique (« Acousti-laine » ou « Acoustiplus » de Knauf).
- La masse des parements est majorée (2 plaques par parement, en décalant les joints qui ne doivent pas être en vis-à-vis sur un même côté de la cloison).
- L'ossature est désolidarisée du bâti en intercalant des bandes résilientes. Un joint acrylique fait la liaison entre le bâti et la cloison.
- Les interrupteurs (étanches) se placent en décalage au verso et au recto de la cloison.

- Pour un gain de 42 dB (entre une chambre et une pièce de jour) : laine de verre « PAR DUO 45 mm » (Isover Saint-Gobain) ou « Batiplum mur » (Naptural) en 40 mm + 1 plaque de plâtre « Placo Phonique » (BPB) par parement.

- Pour un gain de 50 dB (entre une chambre et une pièce bruyante) : laine de verre « PAR 45 mm » + 2 plaques de plâtre « Placo Phonique » (BPB) par parement.

Dans les deux cas, l'ossature se compose de montants « Stil M 48 » et de rails « Stil R 48 ». La largeur d'entraxe entre les montants est de 40 cm ou 60 cm selon la hauteur de la cloison.

Des portes gain de place

Une cloison sur ossature métallique permet d'intégrer des portes coulissantes escamotable (galandage). Celles-ci sont associées à des caissons métalliques isolés qui viennent s'insérer entre les parements pour intégrer les portes (Scrigno, Eclisse, Mantion...).

4

5

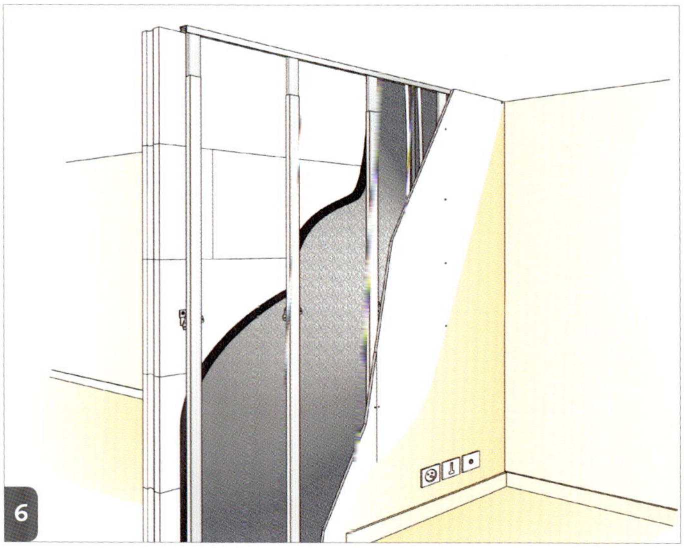

6

4 En doublant les parements en plaques de plâtre « Placo Phonique » (BPB), le bruit est divisé par deux.

5 Entre deux logements, la cloison peut être insonorisée en ajoutant un isolant et deux plaques de plâtre « Placo Phonique » (BPB) montées sur une ossature « Placostil ».

6 Une autre solution acoustique entre logements consiste à placer une laine de verre acoustique (Isover) derrière une plaque de plâtre standard.

MONTAGE D'UNE CLOISON DE DOUBLAGE
Mise en œuvre

La masse des matériaux pleins offre une isolation acoustique de bon niveau. Les carreaux se fixent à la colle et par emboîtement, en décalant les joints verticaux. Les plaques de plâtre se montent sur une ossature métallique.

Des matériaux tels que les carreaux de plâtre (7 ou 10 cm d'épaisseur), les carreaux de terre cuite (7 cm d'épaisseur), les plaques de terre cuite (épaisseur 3 cm) sur ossature métallique (« Intuitys » d'Imerys) et les carreaux de béton cellulaire (épaisseur 7 ou 10 cm) s'utilisent pour dresser des cloisons distributives.

- Entre deux logements. Il est tout à fait possible de doubler une cloison séparative avec une laine minérale associée aux plaques « Placo Phonique » (BPB). Comparées à des plaques standard, elles permettent d'obtenir un gain acoustique de 3 dB, donc de diviser le bruit par deux. De couleur bleue, leurs dimensions conviennent parfaitement en doublage sans raccords transversaux, sur une ossature métallique traditionnelle. Elles existent en 90 ou 120 cm de large.

- La cloison de doublage se met en œuvre avec les montants « M48 » et les rails « R48 ». Ces derniers se posent en retrait de la paroi (10 mm au minimum) pour éviter tout contact favorable à la transmission des sons.
La bande résiliente autocollante désolidarise la cloison des structures et s'oppose, de ce fait, à la transmission des bruits parasites (« Tramiband » de Tramico). La laine minérale sans pare-vapeur s'insère entre la paroi et l'ossature ; les lés sont jointifs et en compression contre le sol et le plafond. La deuxième couche d'isolant s'encastre entre les montants et remplit intégralement la lame d'air. Les plaques de plâtre sont en deux épaisseurs.

Le matériel nécessaire au doublage d'une cloison existante exigeant une isolation phonique.

À l'aide d'un niveau laser, repérer le positionnement vertical du rail sur le mur de retour sachant qu'il se place à 58 mm en retrait de la paroi à isoler.

Au dos des rails, poser la bande résiliente autocollante de 3 mm d'épaisseur.

À distance de la paroi (ce qui permet de laisser la plinthe), placer le rail de sol muni de sa bande. Le visser dans le plancher.

5

Au plafond et sur les parois latérales, les rails sont également munis de bande résiliente.

6

Couper les montants 2 par 2, en les encastrant l'un dans l'autre, à la hauteur entre rails moins 5 mm.

7

Les montants sont doublés et vissés dos-à-dos entre les rails selon une largeur d'entraxe de 60 cm.

8

L'isolant se coupe avec un couteau denté. Les lés mesurent en longueur 1 cm de plus que la distance entre rails.

9

La 1ère couche est derrière les montants, la 2nde est encastrée entre eux et tient par compression.

10

Les plaques reposent sur des cales et butent contre le plafond. Elles sont ajustées bord à bord.

11

On visse les plaques dans chaque montant avec des vis spéciales (vis TTPC25), sans préperçage.

12

Uniquement pour la 1ère épaisseur, remplir les joints entre les plaques et en périphérie de la cloison avec du mastic acrylique extrudé au pistolet.

13

Pour la 2e épaisseur, on commence par une demi-plaque afin de décaler les joints. Le vissage s'effectue avec des vis plus longues (vis TTPC35).

CLOISONS ET COLOMBAGES
Mise en œuvre

Respectueux du bâti, le remplissage en chanvre et chaux conjugue les avantages des deux composants, qui sont sains et isolants.

Dans les anciennes maisons à pans de bois, le remplissage était généralement en torchis (mélange de paille et d'argile). La rénovation des colombages vaut d'être entreprise avec un béton de chanvre de caractère traditionnel.

- Le bois de chanvre. On appelle également « chènevotte » la paille de chanvre broyée qui se présente sous forme de copeaux dont la forte teneur en silice protège des insectes. De par sa structure en multiples canaux, la chènevotte régule l'humidité et fait barrage à la transmission de la chaleur et du bruit. Tout en laissant respirer la paroi, elle constitue un excellent isolant thermique et acoustique.

- La chaux naturelle hydraulique préconisée pour le mélange confère au mortier une grande perméabilité à la vapeur d'eau, ce qui évite le pourrissement des bois (« Batichanvre » CESA). On peut la remplacer par une chaux aérienne additionnée de liant hydraulique et de pouzzolane (« Tradical PF 70 » Balthazard & Cotte). Il résulte du mélange un béton onctueux, gras, facile à appliquer. Sa souplesse permet de bien adhérer aux bois dont il suit les déformations.

PRÉPARATION

Commencer par supprimer tous les restes de l'ancien remplissage pour mettre les bois à nu. D'un côté de la cloison, on fixe sur les bois les plus épais (généralement les lisses basse et haute et les poteaux d'angle) des panneaux qui vont servir de fond de coffrage. Le vide qui subsiste entre les panneaux et le colombage est nécessaire pour que le béton enrobe les bois. Si les bois sont tous de même épaisseur, ménager un espace d'environ 5 cm entre eux et le fond de coffrage en interposant des cales. Le béton se prépare en bétonnière, dans laquelle on commence par verser l'eau et le liant. Après la dilution, le chanvre décompacté est intégré, jusqu'à ce que le mélange prenne l'aspect de miettes agglomérées.

REMPLISSAGE

Il s'effectue à la main en portant des gants, et en tassant le béton avec une taloche contre le panneau de coffrage. Une autre taloche posée en applique sur les poutres permet de dresser le béton au nu de la structure. Une fois qu'elle est retirée, le béton qui apparaît à fleur des bois doit être compacté avec une truelle jusqu'à obtenir la réservation d'épaisseur nécessaire à l'enduit de finition (2 cm environ).
Le béton de chanvre met du temps à sécher, environ dix à douze semaines en fonction de la température ambiante. Il doit être bien sec pour recevoir un enduit à la chaux.

1 D'un côté du colombage, on fixe des panneaux de coffrage pour retenir le béton au cours du remplissage.

2 Le béton s'applique à la main pour remplir intégralement les espaces entre les bois.

3 En plaquant une taloche en applique sur les bois, le béton est calé au nu de la structure.

4 Une fois la taloche retirée, on écrase le béton de chanvre avec une truelle pour obtenir un retrait nécessaire à la couche d'enduit de finition.

Sur un remplissage refait de neuf avec un béton de chanvre, on applique un enduit de finition à la chaux.

CLOISONS ET PIÈCES HUMIDES
Matériaux

Dans une pièce exposée aux projections d'eau et aux vapeurs humides, le traitement des parois, qu'il s'agisse des murs ou des cloisons, doit répondre à des contraintes.

Les matériaux à mettre en œuvre seront choisis en conséquence, donc insensibles à l'humidité, pour éviter les risques de dégradation inévitable dans le cas contraire.

LES PLAQUES DE PLÂTRE HYDROFUGES

Leur coût très raisonnable en fait un matériau de premier choix. Leur résistance à l'eau est environ six fois supérieure à celle des plaques de plâtre standard. Adaptées en cloisonnement ou en doublage des parois (dans une douche), elles se montent sur une ossature métallique dans le premier cas ou se collent directement dans le second.
On trouve ces plaques sous différentes marques : « Placomarine » (Placoplatre), « Hydro KH » (Knauf) ou « Prégydro » (Lafarge Plâtre). En 12,5 mm d'épaisseur, les BA 13 (B comme bords et A comme amincis) nécessitent des bandes de joints. Avec les SB 13 (S comme sans, B comme bande), les joints se traitent directement par remplissage d'enduit, sans bande.

- En cloison, les plaques se montent sur une ossature métallique dont les montants sont limités à 40 cm d'entraxe pour améliorer la rigidité sous un carrelage. En partie basse, que ce soit sur un sol brut ou fini, un ruban de mousse imprégnée ou un double cordon de mastic acrylique est intercalé entre le sol et le rail. Si le sol n'est pas fini, il est vivement conseillé de traiter le pied de cloison avec une bande d'étanchéité noyée dans une sous-couche de protection à l'eau de type « Prégytanche » (Lafarge) ou « Placotanche » (Placoplatre).

- En doublage, les plaques de plâtre hydrofuges se collent directement sur les parois avec un mortier-colle (MAP) qui s'applique en plots. Sous les plaques, il est nécessaire d'interposer des petites cales pour pouvoir ensuite réaliser un joint étanche avant de traiter les angles et les raccords parois/sol ou parois/bac à douche avec une bande d'étanchéité. Un système d'étanchéité liquide est requis également sur toute la surface.

1

2

3

4

1 Le matériel associé aux plaques de plâtre hydrofuges se compose d'une bande d'étanchéité pour le pied de cloison, d'un enduit à joint, de vis trompettes, du cordon de mousse imprégnée à placer sous le pied de la cloison et de la bande de joint pour les plaques à bords amincis.

2 Le vissage des plaques s'effectue dans les montants à raison d'une vis tous les 30 cm. On peut intercaler un isolant dans l'ossature.

3 Après la première passe d'enduit à joint, la bande à joint recouvre les bords amincis sans plisser ni buller.

4 La seconde passe d'enduit hydrofuge dépasse largement la bande qu'elle recouvre.

LES PLAQUES CIMENT

Ininflammables, imputrescibles et imperméables, les plaques de ciment pèsent plus lourd que les plaques de plâtre en même dimension.
Elles sont constituées de ciment, d'une armature en fibre de verre et, soit de billes de polystyrène expansé « Placocem » (placoplâtre), soit de billes d'argile (« Aquaplanel » de Knauf USG) pour les alléger.

- **En cloison,** les plaques se montent sur une ossature métallique et s'y fixent avec des vis spéciales. Les joints se réalisent avec du mastic polyuréthane au fur et à mesure de la pose. On applique le joint sur le chant de la plaque en place avant de poser la suivante. Si le mastic déborde, on arase les reflux. Les découpes s'effectuent avec une scie circulaire ou un cutter à griffe.
En pied de cloison, une bande d'étanchéité en polyester doit être noyée dans un enduit étanche. La surface est, selon les marques, traitée ou non avec un primaire avant de poser du carrelage ou de peindre, cette dernière finition étant obligatoirement assujettie à une bande de joints en fibre de verre et un enduit pour joints.

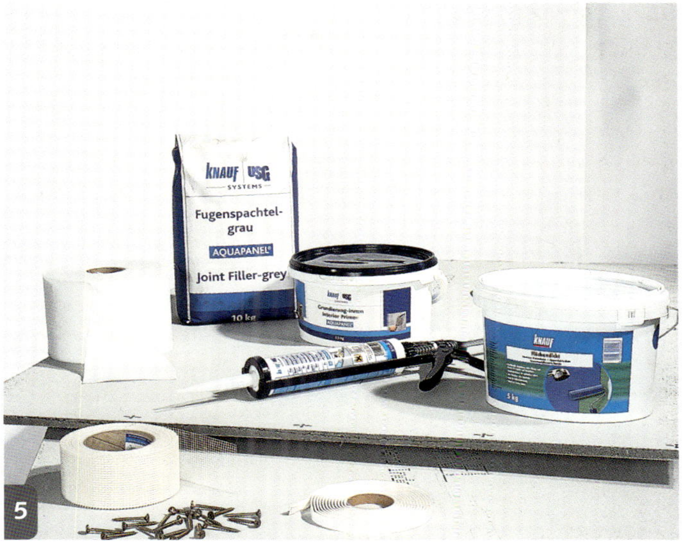

5

6

7

5 Pour poser les plaques de ciment, il faut prévoir la bande d'étanchéité à poser au bas de la cloison avec un retour sur le sol, de l'enduit de lissage pour les joints et le bouchage des trous de vis, du mastic-colle polyuréthane pour les joints, un primaire (Knauf), de la bande à joint en fibre de verre (en cas de mise en peinture), des vis spéciales, de la bande de mousse à placer entre le bas des plaques et le sol.

6 Le cordon de mastic polyuréthane s'applique sur le chant de la plaque posée avant d'ajuster la suivante.

7 Le carrelage se pose après avoir appliqué un primaire destiné à réguler l'absorption des plaques.

LES PLAQUES FERMACELL

Traitées en surface, elles reçoivent directement du carrelage par collage traditionnel. La colle doit être compatible avec un support à base de plâtre.
Gypse et cellulose composent les plaques Fermacell (Xella) de 12,5 mm d'épaisseur pour les plus courantes. Imputrescibles, hautement résistantes au feu (M0), aux chocs et à la pression, imperméables, respectueuses de l'environnement (HQE), d'un format maniable (150 x 100 cm), elles se prêtent idéalement aux travaux de rénovation uniquement en cloisonnement (doublage exclu).
Le montage s'effectue sur une ossature métallique dont les montants sont répartis à 60 cm d'entraxe pour une finition en peinture ou à 40 cm pour une finition carrelée. L'ossature peut être réalisée en bois (si la cloison n'est pas exposée directement aux projections).

- En cloisonnement de douche, il est nécessaire de mettre en œuvre un système d'étanchéité sous carrelage de type « Cermicryl » (Desvres) ou « Weber sys protec » (Weber et Broutin).

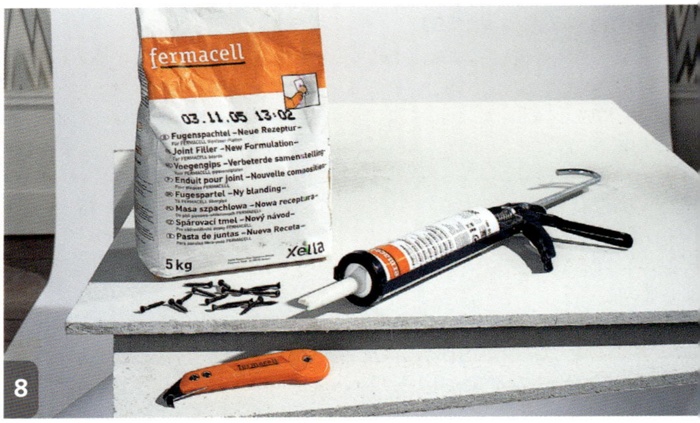

8

9

10

11

8 Pour poser les plaques Fermacell, réunir : de l'enduit Fermacell, pour reboucher les trous de vis et finir les joints, des vis « placo » de 30 mm, du mastic-colle polyuréthane en cartouche et son pistolet extrudeur, ainsi qu'un cutter à griffe pour les coupes.

9 Pour couper les plaques, on intervient sur un support plan. Le long d'une règle, on déplace le cutter à griffe qui entaille le matériau. On fait de même avec les plaques de plâtre.

10 Une simple pression sur le panneau placé au bord de la table permet à la chute de se détacher proprement.

11 Que l'on intervienne sur une ossature métallique ou en bois, les plaques se collent bord à bord avec du mastic polyuréthane extrudé au pistolet.

LES PANNEAUX PSX ARMÉS

Les panneaux en mousse de polystyrène extrudé sont enduits d'un mortier spécial et armés d'un tissu de verre. Prêts à carreler, ils relèvent tous les défis. Parfaitement imputrescibles, légers, étanches et efficaces, ils améliorent l'isolation thermique d'une paroi.
La marque Wedi est la seule proposée au grand public alors qu'il existe d'autres fabrications moins chères. En 4 ou 6 mm d'épaisseur en 125 x 60 cm, ou en 12, 5, 30 et 50 mm d'épaisseur en format de H 2,50 x largeur 0, 60/ 0,90 ou 1,20 cm, elles diversifient les possibilités d'utilisation.

- **En cloison,** les panneaux se montent sans ossature. Ils se raccordent entre eux par des pièces de liaison et s'emboîtent sur d'autres pièces collées sur le sol. Les joints et les jonctions avec le sol se traitent avec des bandes d'armature de même marque qui se posent avec un mortier-colle souple de type « Cermiplus » (Desvres) ou « Weber.col flex » (Weber et Broutin).
Les panneaux existent en forme courbe pour réaliser des douches rondes ou en escargot que l'on associe à un receveur prêt à carreler de même fabrication.

- **En doublage,** les panneaux minces représentent une solution intéressante. Ils se collent en plein sur des parois parfaitement planes ou par plots, qui peuvent, en réglant leur épaisseur, rétablir la planéité de la paroi. Dans les deux cas, on choisit une colle souple. Le carrelage se pose directement sur les panneaux, quelle que soit leur destination.

- **Et ailleurs…** Les panneaux PSX armés se prêtent idéalement à la réalisation de plans de toilette, de fabrication de mobilier de salle de bains, ou de tablier de baignoire.

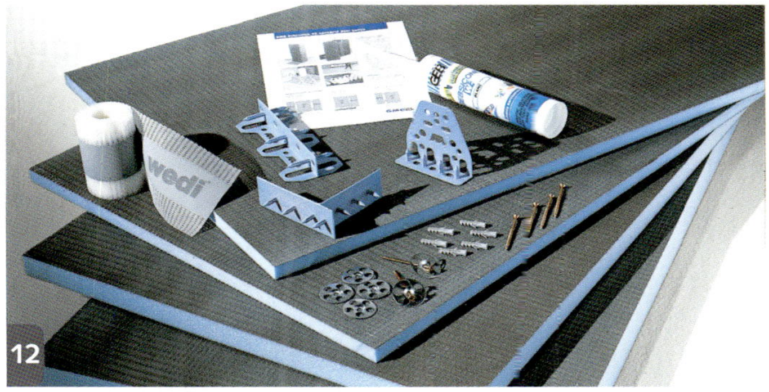

12 Les panneaux PSX (Wedi) nécessitent des pièces pour les assemblages bord à bord, en angle, perpendiculaires au mur ou au sol, ainsi que du mastic-colle « Rubson MS 3 » pour les joints, de la bande d'armature de même marque, des vis, chevilles et rosaces pour doubler un mur plan (le collage restant possible).

13 Pour doubler une paroi irrégulière, le collage s'effectue par plots de mortier-colle dont on règle l'épaisseur.

14 Une fois dressé contre la paroi, le panneau est frappé avec une règle pour régler l'aplomb.

15 Les joints « connectés » sont collés au mastic polyuréthane avant d'appliquer la bande armée serrée sur une passe d'enduit (« Fermaflex » de Desvres).

CLOISON FERMACELL SUR OSSATURE BOIS
Mise en œuvre

Une ossature en bois associée à des plaques Fermacell (Xella) constitue un mode constructif de cloison dite « sèche et légère ». Elle est idéale pour dessiner le pourtour d'une nouvelle salle de bains.

UNE OSSATURE DÉSOLIDARISÉE

Qu'elle soit en bois ou en métal, une ossature est toujours désolidarisée du bâti pour éviter la fissuration. Composée ici de demi-chevrons (tasseaux de 60 x 40 mm), sa configuration est liée au format des plaques de parement. ici, le format étant de 100 x 150 cm en 10 mm d'épaisseur, l'entraxe maximal entre les montants de l'ossature est de 50 cm (il serait de 60 cm pour des plaques de 12 mm).
Les pièces de bois sont solidarisées par vissage ou au moyen d'équerres métalliques. Entre les lisses supérieure et inférieure et le sol et le plafond, on insère une bande résiliente « Phaltex » (Isoroy), de même qu'entre les montants d'extrémité et les parois du bâti.

UN MONTAGE DANS LE BON ORDRE

Il commence par la fixation des quatre éléments du cadre et se poursuit par l'assemblage simultané des montants et des entretoises. Ces dernières s'imposent pour rigidifier l'ossature ou pour des hauteurs supérieures à 3 mètres. Elles permettent aussi d'intégrer des étagères ou servent de support à une baignoire.

LES PLAQUES DE PAREMENT

Elles sont recoupées de manière à leur offrir un appui des deux côtés à mi-largeur des éléments de l'ossature. Les coupes tiennent compte des jeux de 3 à 5 mm à ménager entre les murs et les parements, ceci afin de ne jamais brider les plaques en périphé-

Un matériau facile à travailler

Pour créer un chant en biseau, ou rectifier un angle vif, on utilise un rabot.
Les coupes s'effectuent à la scie si les liaisons sont collées. Un cutter convient pour les coupes ne recevant pas de colle.
Dans une ossature en bois, les vis peuvent être remplacées par des clous ou des agrafes.
La mise en œuvre s'effectue toujours dans une atmosphère sèche.
La tenue des joints collés n'est durable que si les chants sont parfaitement droits et propres.

En suivant le tracé de la cloison, on commence par fixer les montants sur les murs, en intercalant la bande résiliente. Avant le vissage, les chevilles à clou N (Fischer) sont enfoncées au marteau.

On procède de même pour fixer les autres éléments du cadre. Des équerres métalliques (ou des vis) solidarisent les montants et les lisses.

Les deux premiers montants intermédiaires sont fixés en haut et en bas avec des équerres métalliques en respectant les largeurs d'entraxes imposées.

ie. Entre les plaques qui se posent indifféremment ans un sens ou dans l'autre, il est essentiel d'éviter es joints filants dans le sens vertical, alors que dans e sens horizontal, leur alignement est accepté.
a rangée inférieure repose provisoirement sur des ales. La fixation des plaques s'effectue avec des vis F de 3,9 x 30 mm espacées de 25 cm et alignées à 0 mm des bords. La colle polyuréthane pour joints ssure en une seule opération le collage des plaques ntre elles, chant contre chant, et le jointoiement. lle s'applique en cordon continu, et sèche en douze eures voire plus selon la température ambiante. assé ce délai, on racle les reflux.

4 Les entretoises sont mises en place, elles se fixent par vissage à travers les montants.

5 Les dimensions des plaques sont ajustées pour leur offrir un appui en périphérie. Elles se coupent avec une scie égoïne. Puis, les chants sont dépoussiérés.

6 'habillage débute à l'opposé du mur perpendiculaire u bâti avec une plaque entière ajustée sur l'ossa-ure.

7 Extrudé au pistolet, le cordon de colle s'applique sur le chant de la plaque et en continu.

8 La plaque suivante, posée sur cales, est de même hauteur que la précédente. Elle est ajustée contre celle-ci en serrant le joint qui doit être inférieur à 1,5 mm avant de procéder au vissage.

9 'ous les reflux de colle s'éliminent après l'expansion t le séchage, au moyen d'une spatule, en raclant les laques.

10 Les angles saillants sont consolidés par une bande de renfort noyée dans l'enduit pour joints, qui s'utilise également pour masquer les têtes de vis.

11 Les espaces ménagés entre la cloison et les murs et le plafond sont comblés par un mastic souple élastomère ou acrylique qui absorbe les éventuels mouvements du bâti. Une plinthe dissimule le joint bas après le retrait des cales.

Différentes techniques d'assemblage permettent de dresser des cloisons en briques de verre sans maçonnerie.

Adaptée en salle de bains, une cloison en briques de verre pèse un poids important. Un plancher d'étage doit pouvoir en supporter la charge. De plain-pied, elle a sa place sans restriction.

SYSTÈMES AU CAS PAR CAS

La surface maximale autorisée par le système de montage ne doit pas être dépassée sous peine de fragiliser l'ouvrage. Celui-ci est obligatoirement désolidarisé du bâti.

- **« Cubidouche »** (La Rochère) se décline dans une gamme de briques incolores ou teintées (5 aspects). Format standard : PM, H 202 x L 83,2 cm et GM , H 202 x L 103 cm en 8 cm d'épaisseur. Les accessoires nécessaires sont fournis, excepté le joint qui doit être hydrofuge. En paroi de douche, la cloison doit être dressée sur une base légèrement plus haute que le receveur. La base et le côté s'ajustent sur une bande de référence en PVC vissée.

- **« Cubiver »** (La Rochère) permet de plus grandes surfaces (350 x 250 cm). Le système se met en œuvre par emboîtement et collage des briques. Il est nécessaire de renforcer la cloison par des barres d'acier cranté (dans les deux sens) pour lesquelles des réservations existent sur chaque brique. Les joints s'effectuent après le séchage de la colle avec un mortier souple. L'habillage des chants se réalise avec des profilés laqués.

- **« Kit pare-douche Bricokit »** (Saverbat) permet de créer une cloison de 80 x 196 cm avec un cadre en aluminium et des briques incolores ou de couleur. Tout le matériel est fourni à dimensions.

- **« Bricokit »** (Saverbat) est conçu pour des cloisons de plus grand format jusqu'à 240 x 240 cm, sans renfort métallique avec des briques de 8 cm d'épaisseur qui s'encadrent d'un châssis en aluminium ou en bois exotique. Entre les briques, on interpose des entretoises en PVC sans collage qui maintiennent des joints constants à remplir de silicone ou de mortier hydrofuge. Le matériel fourni doit être adapté aux cotes.

1

2

3

1 La pose du système « Pasavelox » débute par la mise en place d'une bande résiliente. Vissée au mur et au sol, celle-ci délimite la future cloison et en assure la stabilité.

2 Les premières briques se collent sur le profilé vissé d'abord au sol.

3 Les briques des rangs supérieurs sont encollées et placées à l'aide des croisillons que l'on glisse dans des fentes prévues à cet effet.

- « **Posavelox** » (Rouvière) offre toute liberté de format. Les briques en nom-
breux coloris et aspects s'entourent d'un cadre en bois imputrescible. Elles se montent par collage et croisillons d'alignement, en ligne droite ou en courbe. Au-delà de 6 m2, il convient d'intégrer une armature métallique. Sur devis, tout le matériel est fourni pour le montage.

- « **Marena** » (Lapeyre) est proposé sous forme de kit pour dresser une cloison de H 197 x L 80 cm avec des briques incolores. Pour des cloisons de plus grandes dimensions (maximum 6 m2), les briques se déclinent en plusieurs coloris et finitions et se complètent d'éléments d'angle, de demi-briques et de briques de terminaison. Le montage s'effectue par collage (colle à bois résistante à l'humidité) et avec des croisillons venant s'insérer dans le cadre rainuré qui entoure chaque brique. Ils sont ensuite dissimulés par un joint en silicone blanc ou translucide. Les chants apparents de la cloison s'habillent d'un profilé en teck ou en alu peint. Aux liaisons avec le sol et la paroi perpendiculaire, on pose une baguette de finition d'angle.

4

5

6

4 En version satinée, les briques de verre renouvellent leur style (« Pegasus » de Rouvière).

5 Proposées en multiples coloris, les briques de verre permettent de créer des compositions originales « Mendini » de Rouvière.

6 Les cloisons translucides droites ou courbes bénéficient ici d'un montage traditionnel maçonné. Elles délimitent les différents secteurs de la salle de bains.

Dans une salle de bains, les choix d'implantation des cloisons dépendent de la surface disponible et de la configuration des lieux.

Les matériaux se choisissent d'après les contraintes de charge, de dimensions et de formes. S'ajoutent l'aspect esthétique et le budget disponible.

OCCUPER LES ANGLES

Ce mode d'implantation demande de la surface (ici, 3 x 3,20 m). Occuper les angles permet de libérer le cœur de la pièce pour accéder aux différentes fonctions à partir de ce dernier.
La douche s'enveloppe d'une cloison en colimaçon qui s'enroule autour d'un receveur préformé à carreler (« Fundo » de Wedi).
Dans sa structure angulaire, la baignoire se dessine en ovale pour disposer d'une plage spacieuse. On y accède par une marche.
Dans leur petit coin, les toilettes choisissent la discrétion. L'isolement relatif est possible en dressant une cloison droite prolongée par une porte en verre sérigraphié. Celle-ci s'articule sur charnières pour fermer l'espace entre le mur et le nez du pan de cloison de douche monté en Wedi.

- Le principe de montage. Autour du receveur, une gorge est réalisée en usine pour encastrer et coller le pied de la cloison en colimaçon. Les panneaux de 50 mm d'épaisseur s'assemblent sur place par collage des rainures et languettes. Les jonctions sont traitées de chaque côté avec une bande d'armature de marque Wedi, noyée dans une couche de mortier colle. À la jonction du receveur et de la paroi, et après avoir réalisé un joint silicone, une bande d'étanchéité est noyée dans du mortier-colle.

- L'habillage. Une cloison courbe, réalisée en plusieurs panneaux, peut recevoir des carreaux de mosaïque montés sur une trame dont la souplesse permet d'enrober l'arrondi. Les carreaux se collent directement sur le panneau.

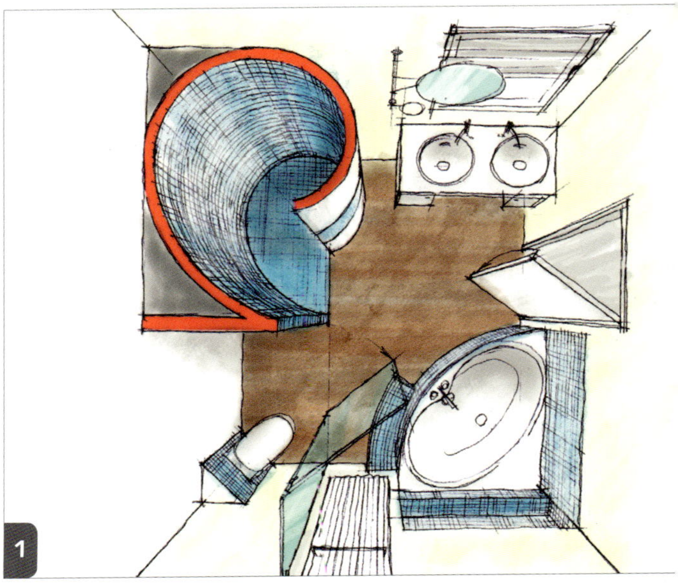

1

2

3

1 L'occupation des angles nécessite un format de pièce adapté pour en libérer le cœur.

2 Les receveurs à carreler se déclinent en différents formats. Ils sont imputrescibles et imperméables

3 Un joint d'étanchéité en silicone doit être réalisé en pied de cloison à la jonction du receveur avant d'appliquer la bande d'armature.

CLOISONNER EN T

Douche et toilettes intègrent la salle de bains et constituent avec l'espace bain, un ensemble cohérent dans lequel les fonctions sont séparées les unes des autres. Les cloisonnements sont réalisés avec des plaques de ciment « Aquapanel » (Knauf) montées sur ossature métallique.

Légèreté et intimité résument les atouts d'un cloisonnement en deux parties perpendiculaires dans cette pièce de 2,90 x 3,90 m. Dressée entre le sol et le plafond, la cloison de 150 cm de large ménage des accès latéraux de 70 cm vers les toilettes et vers la douche qui sont séparés par une cloison transversale de 1 mètre de largeur. Chaque poste se trouve ainsi aménagé dans un espace qui lui est propre. Au dos du cloisonnement central, le sol est surélevé de 13 cm pour encastrer les évacuations en respectant la pente requise.

- **Le principe de montage.** Les rails des ossatures se vissent au sol et au plafond en vis-à-vis. Les montants se répartissent de sorte que les plaques y soient vissées tous les 60 cm. À l'intérieur de l'ossature de la cloison transversale, des renforts incorporés ou un bâti support (« Duofix » de Gébérit) sont intégrés pour fixer le plan vasque en céramique. Les plaques « Aquapanel » se vissent directement sur les montants de l'ossature avec des vis autoforeuses à tête conique de même marque. Les raccords sont collés avec une colle à joint polyuréthane (colle PU), déposée sur les chants préalablement dépoussiérés et humidifiés. En pied de cloison et sur la chape, il convient de poser à mi-largeur une bande d'étanchéité en polyester renforcé (Knauf Bande) et d'appliquer dessus un latex de synthèse liquide (Knauf Étanche). Le carrelage se pose avec un mortier-colle à liants mixtes polyvalent (colle Knauf Flex). Pour une finition peinture, un primaire qui régularise l'absorption des plaques est nécessaire.

CLOISONNEMENT EN COURBE

En combinant des panneaux cintrés (Wedi) et des briques de verre, le cloisonnement de cette douche spacieuse ne nécessite aucun écran anti-projections.

Dans la pièce de 2,40 x 1,80 m, l'option douche à l'italienne est retenue au détriment d'un duo baignoire et douche en formats standard. Le sol sans écart de niveau, ni rupture de matériau entre la pièce et la douche ne fait qu'accentuer visuellement les dimensions spacieuses de celle-ci. La cloison en briques de verre, traversée par la lumière, évite de plonger la douche dans l'ombre constante.

- **Le principe de montage.** La cloison « Cubiver » (La Rochère) peut atteindre au maximum 350 x 250 cm. Les briques de verre incolores ou teintées se collent par rangées pour former la cloison courbe. Une bande d'entourage en PVC (dite bande de référence) ceinture la structure qui présente une fintion soignée grâce à un profilé rapporté. La paroi ondulante est constituée de panneaux de construction cintrables (Wedi) de 250 x 60 cm en 50 mm d'épaisseur. Ils comportent des rainures de haut en bas permettant de les courber dans un sens ou dans l'autre.

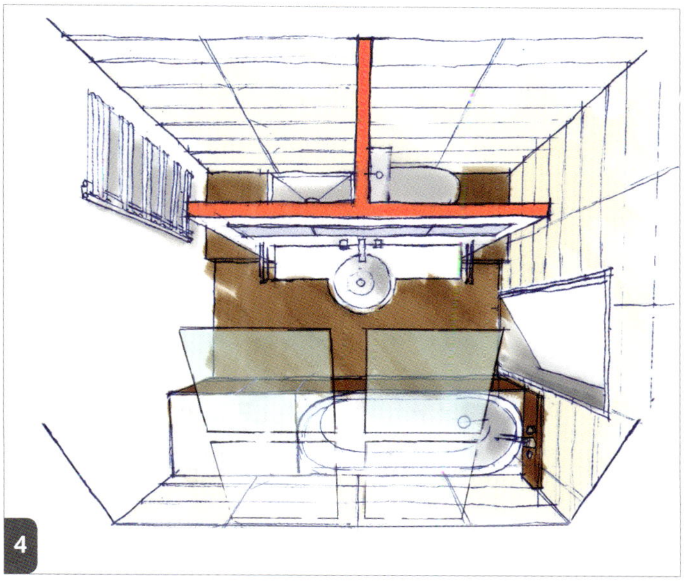

4

5

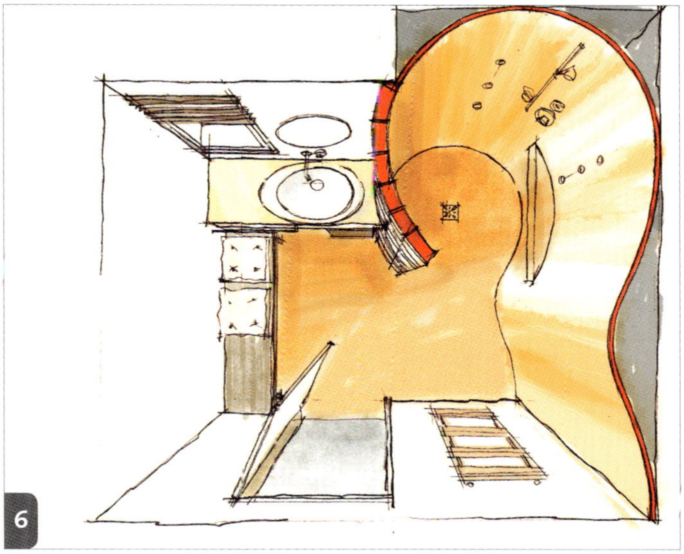

6

4 Un cloisonnement en T permet de séparer les fonctions et de préserver l'intimité de chacune.

5 Montées au verso et au recto d'une ossature métallique, les plaques de ciment ne craignent pas l'humidité dans un milieu humide.

6 Une forme originale pour ce cloisonnement de douche qui dessine un large cercle non fermé. Pour animer la paroi latérale sur une grande longueur, les panneaux de construction cintrables (Wedi) placés dans les deux sens dessinent une ondulation.

CLOISONNEMENT GAIN DE PLACE

Ici, deux cloisons perpendiculaires s'associent de manière à séparer douche, toilettes et plan vasque dans une pièce de 225 x 225 cm nécessitant des solutions gain de place.

On se dispense donc de baignoire pour disposer d'une douche de 90 x 90 cm et d'un espace wc dont la profondeur permet de dissimuler la cuvette. Implantés au fond de la pièce, ces équipements sont séparés par une cloison décalée qui relie une autre cloison placée perpendiculairement à 100 cm de distance du mur du fond. Sa longueur (100 cm) crée l'adossement du plan vasque en verre sous lequel s'encastrent des rangements sur pieds.

- Le double cloisonnement est réalisé en plaques de plâtre hydrofuges à bords amincis « Placomarine BA 13 » (BPB Placo) vissées sur une ossature métallique (cloison « Placostyl » de BPB Placo). La partie douche s'équipe d'un receveur carré de 90 x 90 et d'une porte pliante qui s'ouvre vers l'intérieur. Les profilés sont fixés sur le mur et sur le chant de la cloison.

Côté wc, la cuvette est montée sur un bâti-support autoportant intégré dans un coffrage de même largeur que la cloison.

- Le principe de montage. L'ossature métallique se compose de rails (R 70), et de montants (M 70) disposés entre les rails à 40 cm d'entraxe. Des renforts en bois reposant au sol sont intégrés dans l'ossature pour recevoir les consoles du plan vasque. Les plaques coupées à la hauteur sol/plafond moins 1 cm se vissent sur chaque montant, à 1 cm des bords. En dessous, le vide est comblé par du mastic souple. Une bande d'étanchéité pliée d'équerre est disposée en pied de cloison et noyée dans la sous-couche de protection (« Placotanche » de BPB Placo). Les angles rentrants se traitent avec le même système. Sur les joints comblés d'enduit hydrofuge, on applique une bande de joint que l'on recouvre ensuite d'une nouvelle passe d'enduit. Le carrelage se pose avec un mortier-colle ou un adhésif sans ciment.

7 **Une configuration avantageuse dans une petite salle de bains où l'on souhaite disposer de wc (équipements Lapeyre).**

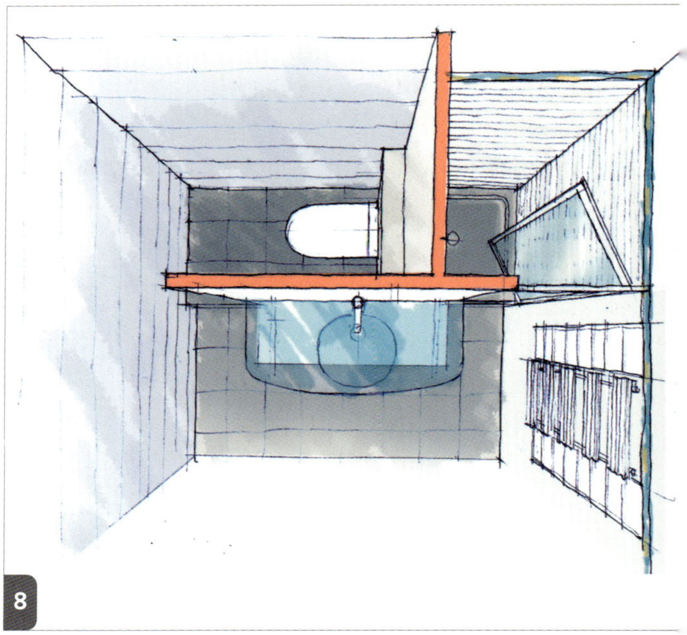

8 **De format carré et de surface classique, la salle de bains présente ici une judicieuse occupation de l'espace.**

9 **Les plaques de plâtre hydrofuges se reconnaissent à leur couleur verte. Les bords amincis facilitent la réalisation des joints.**

DEUX CLOISONS DE FRONT

On accède à la pièce de 315 x 250 cm par une porte coulissante qui fait face aux vasques. La baignoire est placée latéralement alors que la cuvette et la douche s'inscrivent en vis-à-vis derrière deux pans de cloison garants d'intimité.
Des carreaux de plâtre hydrofuges ont été choisis pour dresser les deux cloisons. Ces dernières mesurent respectivement 83 cm côté wc et 116 cm côté douche en offrant un passage intermédiaire de 50 cm. Distantes du plafond, elles invitent la lumière à entrer dans les deux espaces fonctionnels.

- Le principe de montage. Résistants à l'eau et à l'humidité, les carreaux de plâtre hydrofuges de 50 mm d'épaisseur se distinguent des carreaux standard par leur couleur bleue ou verte. Sur une dalle et avant de réaliser la chape, les carreaux se collent directement avec un liant-colle, en commençant la rangée par un demi-carreau. La deuxième rangée démarre par un carreau entier pour décaler les joints verticaux. Les assemblages s'effectuent par collage et emboîtement. À la jonction sol/carreaux, comme dans les angles rentrants, il est conseillé d'appliquer une sous-couche d'étanchéité « Prégytanche » (Lafarge Plâtres), d'y noyer une bande d'étanchéité « Prégytanche F » (Lafarge Plâtres) et de réappliquer le produit d'étanchéité en recouvrement. La colle à carrelage doit convenir au milieu humide (« Cermicol » de Desvres). Le mortier à joint est obligatoirement hydrofuge.

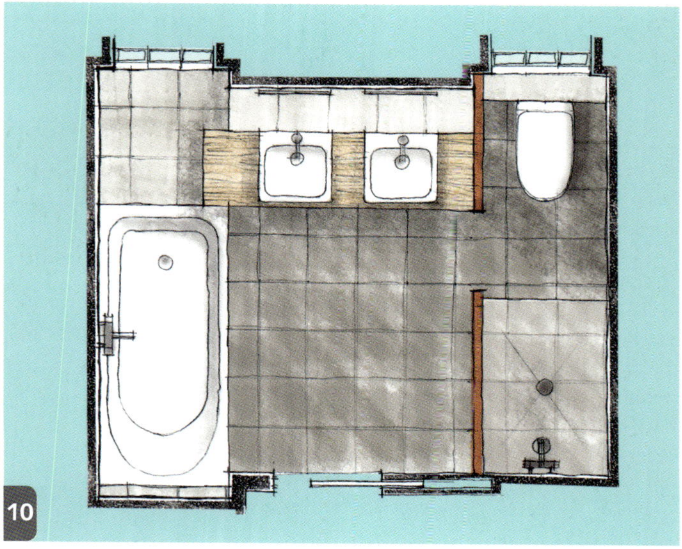

10 Si la baignoire participe au décor, la douche et les wc se retranchent derrière leur cloison respective dont les longueurs sont ajustées à l'usage.

11 Cette salle de bains est d'autant plus élégante qu'elle dissimule la douche et les wc.

12 Les carreaux de plâtre hydrofuges pèsent plus lourd que les carreaux de Thermopierre. Sur un sol de plain-pied, ils sont parfaitement justifiés, en étage, on doit se renseigner sur l'aptitude du plancher à accepter une surcharge.

TRAVAILLER LES PLAQUES DE PLÂTRE
Mise en œuvre

Qu'elles soient standard ou hydrofuges, les plaques de plâtre sont revêtues d'un carton protecteur, mince et lisse.

Lors du choix, il convient de vérifier l'état des bords amincis ou arrondis qui ne doivent pas être abîmés, ce profil étant étudié pour faciliter la réalisation des joints.

- Les joints. S'ils requièrent la mise en place d'une bande de joint (certaines plaques s'en dispensent), celle-ci doit être noyée dans une première passe d'enduit frais puis recouverte de deux passes d'enduit qui doivent en dépasser la largeur. Ce travail implique d'intervenir avec trois couteaux à enduire, l'un de 10 cm de large, l'autre de 20 cm, le troisième de 25 cm. Ainsi, les couches d'enduit sont débordantes l'une par rapport à l'autre, en commençant par la plus étroite et en finissant par la plus large.
Les bandes de joint en papier s'utilisent entre les plaques qu'elles recouvrent par moitié. Les raccords doivent être jointifs pour éviter les surépaisseurs. Elles sont associées à un enduit spécial pour joint en poudre à gâcher, ou en pâte prête à l'emploi, pour constituer un ensemble cohérent et indissociable qui doit prévenir la fissuration.

- Les découpes. Les plaques de plâtre se coupent simplement avec un cutter permettant d'entailler la face cartonnée. On pose la plaque en porte-à-faux sur un outil aligné sous le trait de coupe, puis, en appuyant de chaque côté du sillon, elle se casse net. Sur l'envers (face grise), le carton est à son tour coupé au cutter.
Si la plaque de plâtre est associée à un isolant (complexe de doublage), une scie égoïne est plus adaptée.

- Les encastrements. Pour intégrer des boîtiers électriques, on utilise une scie cloche (ou scie trépan) montée sur une perceuse.

- Le vissage sur ossature. Les vis autoperceuses (ou vis trompettes) ont en longueur 1 cm de plus que l'épaisseur de la plaque de plâtre pour une ossature métallique et 2 cm de plus pour une ossature en bois. Elles se positionnent à 1 cm des bords et doivent être vissées jusqu'à entamer légèrement la plaque pour disparaître sous l'enduit.

1

La plaque étant posée à plat, côté clair vers le haut, on trace la ligne de coupe avec un cutter dont la lame est guidée par une règle. Le carton étant entaillé, la plaque se casse d'une simple pression si on la met en porte-à-faux.

- **L'enduit garnit le joint de haut en bas.** La ame du couteau est inclinée à 45° par rapport à a plaque.

- **La bande de joint se plaque sur l'enduit frais,** à cheval sur le joint. Elle se presse dans l'enduit en continu de haut en bas.

- **Le recouvrement s'effectue avec un couteau plus large,** après le séchage de la première passe. On recommence en couche plus fine et débordante pour supprimer les surépaisseurs.

Si la coupe n'est pas parfaite, on la reprend avec un rabot-râpe ou une lime à passer bien à plat sur le chant.

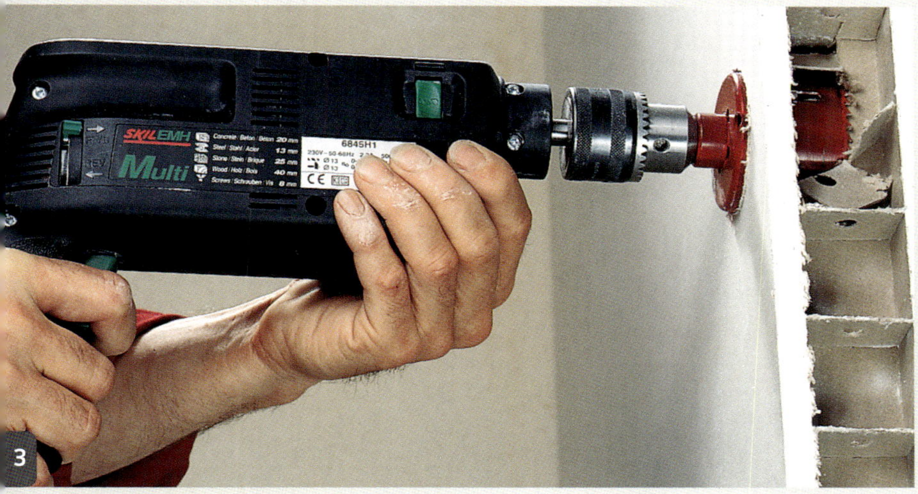

La scie cloche permet d'effectuer des percements ronds pour encastrer les boîtiers électriques. La perceuse est maintenue perpendiculairement à la plaque de plâtre.

Les vis autoperceuses suppriment les avant-trous. Un embout aimanté facilite le vissage.

La lame du couteau est inclinée de manière à combler entièrement le joint avec l'enduit.

La bande placée à cheval sur le joint est aplanie dans l'enduit frais et de haut en bas.

La dernière passe s'effectue lorsque la seconde est sèche. Elle sert à égaliser la surface en débordant de part et d'autre de l'aplat d'enduit précédent.

ISOLATION, LES COMPLEXES DE DOUBLAGE
Matériaux

Constitués d'un isolant solidaire d'une plaque de plâtre, ils se collent directement sur les parois.

En une seule intervention, on obtient un niveau d'isolation thermique ou thermo-acoustique élevé, et une surface prête à la finition. Il n'y a pas d'ossature à monter, ce qui représente un gain de temps appréciable.

COMPARER POUR CHOISIR

Pour isoler les murs extérieurs, la réglementation thermique actuelle impose une résistance thermique minimale R = 2,8 m^2.K/W pour prétendre au crédit d'impôt, sachant que R = 3,15 m^2.K/W est conseillé.

- « Calibel SPV » (Isover Saint-Gobain) en 100 mm : R = 2,90 (laine de verre), pour isolation thermo-acoustique. λ = 0,034
- « Doublissimo 32 » (Placoplatre) en 100 mm : R = 3,15 (PSE Ultra TH A), pour isolation thermo-acoustique. λ= 0,032
- « Placomur TH 38 » (Placoplatre) en 100 mm (épaisseur maximale) : R = 2,65 (polystyrène, PSE), pour isolation thermique. λ= 0,038
- « Placomur Ultra PV » (Placoplatre) en 100 mm (épaisseur maximale) : R = 3,5 (PSE nouvelle génération), pour isolation thermique. λ= 0,032
- « Placomur Ultra 32 » (Placoplatre) en 100 mm (épaisseur jusqu'à 120 mm), R = 3,15 (PSE Ultra Nouvelle génération), pour isolation thermique. λ= 0,032
- « X Therm Ultra 32 » (Knauf) en 100 mm d'épaisseur R = 3,15 (jusqu'à 120 mm) (PSE Ultra Th), pour isolation thermique. λ=0,032
- « Labelrock » (Rockwool) en 100 mm d'épaisseur R = 2,95 (épaisseur maximale), (laine de roche rigide), pour isolation thermo-acoustique. λ= 0,032.
- « Sisrêve » (Efisol), en 100 mm d'épaisseur R = 4,39 (jusqu'à 120 mm), (Mousse de polyuréthane ou PUR), pour isolation thermique. λ= 0,023
- « Novaplac »(Fil Ecolith), en 100 mm d'épaisseur R = 3,10 (PSE Th 32), pour isolation thermique. Isolant associé à un panneau de Medium. λ=0,032.

Ces indications mentionnent l'épaisseur de l'isolant seul et sa résistance thermique R équivalente. Elles permettent de constater d'importantes différences de performance à épaisseur égale.

1 Ce complexe de doublage « Novaplac » (Fil Ecolith) est constitué de panneaux qui se raccordent par rainure et languette.

2 Pour ce doublage thermo-acoustique de haut niveau, l'isolant est en polystyrène PSE Ultra (λ 0,032), le parement est une plaque de plâtre acoustique (PlacoPhonique) pour diviser le bruit par deux. En 10 cm d'épaisseur, R = 3,15 m^2.K/W (« Placo Phonique Ultra »).

3 Le collage s'effectue par plots de colle selon une répartition définie par le cahier des charges. En une opération, on réalise l'isolation et une surface prête à peindre.

.ES MATÉRIAUX ISOLANTS

J'ayant pas les mêmes caractéristiques, les isolants utilisés en complexe de oublage doivent être différenciés :

le polystyrène expansé (PSE). Contenant 98 % d'air et peu consommateur e matières premières, le polystyrène ne contient ni CFC, ni HFC, ni HCFC. C'est n isolant thermique, économique, respectant les critères de qualité environne-nentale.

la laine minérale (de verre ou de roche). Elle est fabriquée avec des matiè-es premières naturelles. Les produits isolants composés de fibres et d'air ont ne structure souple, poreuse et élastique qui constitue un barrage très efficace ontre le froid en hiver et le chaud en été. Elle absorbe les bruits aériens, les ruits de choc, et permet d'effectuer la correction acoustique à l'intérieur des ocaux. Les laines minérales n'alimentent pas le feu et ne propagent pas les ammes. Elles ont un impact plus favorable sur l'environnement que les laines égétales.

la mousse de polyuréthane (PUR) est un isolant alvéolaire composé de fines ellules emmagasinant un gaz à faible conductivité thermique. C'est l'un des neilleurs isolants du marché, sa conductivité thermique étant particulièrement aible. Il ne contient ni HCFC, ni HFC, ni CFC.

Optimiser l'isolation

D'une manière générale, et quel que soit le secteur à isoler dans l'habitat, la résistance thermique des isolants doit égaler au minimum celle préconisée par la réglementation thermique en cours. La dépasser est toujours conseillé.

4

5

4 Le complexe « Calibel SPV » (Isover) associe une plaque de plâtre de 0 mm d'épaisseur et de la laine de verre de 30 à 100 mm d'épaisseur.

5 Cet isolant PSE Th 32 pour isolation thermique est associé à un pan-eau de Medium. En 100 mm d'épaisseur R = 3,10. λ =0,032 (« Nova-plac » de Fil Ecolith).

POSE D'UN COMPLEXE DE DOUBLAGE
Mise en œuvre

Dans le cadre d'une rénovation, le complexe « Sisrêve » (Efisol) s'avère le plus performant. Il offre une isolation de qualité en faible épaisseur, ce qui limite la perte de volume habitable.

Choisi en 75 mm d'épaisseur (+ 10 mm de plaque de plâtre), ce complexe de doublage a une résistance thermique R = 3,29 m²·K/W, supérieure à celle recommandée par la réglementation thermique actuelle.

Les panneaux de 2,50 ou 2,60 m de hauteur et 1,20 m de largeur se posent par collage (ou sur une ossature en bois ou métallique par vissage si le support est trop irrégulier).

Les découpes s'effectuent avec une scie égoïne côté parement (plaque de plâtre de 10 mm). L'isolant peut être entaillé avec un cutter pour encastrer les boîtiers électriques, sans jamais dépasser la moitié de l'épaisseur de l'isolant (pont thermique).

Pour une pose collée, on répartit des plots de mortier adhésif (MAP) au dos du panneau à raison de 9 plots/m². Toutefois, lorsque le support est particulièrement hétéroclite, on procède à l'inverse en déposant les plots de colle sur la paroi préalablement piquetée. On repère les endroits qui nécessitent plus ou moins d'épaisseur de colle, au moyen d'une longue règle et d'un niveau.

COLLAGE DES PANNEAUX

La hauteur des panneaux est inférieure de 10 mm minimum à celle des murs, ce qui permet de les redresser contre le support. Placés en butée contre le plafond et posés sur cales, ils doivent être parfaitement d'aplomb et alignés sur le plan horizontal. Au cours du chantier, ces vérifications sont indispensables, d'une part avec un niveau à bulle pour la verticalité, d'autre part avec une longue règle métallique placée transversalement à la paroi pour l'alignement.

TRAITEMENT DES JOINTS

La bande de joint, indissociable de l'enduit pour joint de même marque, garantit la cohésion. On beurre soigneusement l'aminci entre les plaques puis on y colle la bande centrée sur l'axe du joint. Pour obtenir un collage parfait, l'épaisseur de l'enduit entre la bande et les plaques doit être très mince. On procède alors au serrage en appuyant une spatule en position inclinée contre la bande, de bas en haut pour évacuer l'excédent d'enduit.

Après le séchage, on applique une nouvelle couche d'enduit plus large avec un platoir pour recouvrir la bande. Une troisième passe intervient après le séchage. Encore plus large que la précédente, elle offre une surface prête à peindre, sans surépaisseur.

À l'arête du plafond et entre deux panneaux perpendiculaires (joint en cueillie), on procède de la même manière. En partie basse, les cales étant retirées après la prise du mortier-colle, le vide est comblé de mousse de polyuréthane extrudé ou d'une bande isolante pour supprimer les passages d'air.

Les parois en mauvais état sont piquetées au marteau pour favoriser le collage des panneaux de doublage.

L'emplacement des boîtiers électriques (de préfé rence étanches) est tracé sur la plaque. Les découpe s'effectuent avec une scie cloche.

L'isolant est entaillé au cutter sur une profondeur minimum pour encastrer les gaines électriques.

Sur les parois régulières, les plots de colle s'appliquent au dos des parements à raison de 9 plots/m² Leur épaisseur est constante.

5 ur les parois très irrégulières, on dépose directe-nent les plots de colle dans les creux les plus accen-ués à raison de 5 plots/m².

6 Dressé contre la paroi et posé sur des cales, le panneau bute contre le plafond.

7 On utilise une longue règle métallique pour presser le panneau contre le support. Pour obtenir une pression constante, la règle se manipule en biais.

8 aplomb se vérifie au niveau. Il est possible de le orriger en appuyant sur la règle.

9 La verticalité se contrôle également avec un niveau posé sur le chant du panneau.

10 Les panneaux se collent bord à bord. L'alignement est contrôlé avec une règle transversale, qui permet de le rectifier en pressant sur la règle.

11 our beurrer les joints, on dépose l'enduit avec une patule large, en intervenant transversalement.

12 La bande appliquée sur l'enduit frais est serrée de bas en haut. Après séchage, on refait une passe plus large puis une troisième.

13 Les angles rentrants sont traités de la même façon. La bande pliée en deux est noyée dans l'enduit.

ISOLATION AVEC OSSATURE ET PAREMENT
Matériaux

Cette solution traditionnelle fait intervenir différents éléments : ossature métallique ou en bois, isolant en laine minérale, végétale, ou en fibres animales, et parement en plâtre ou en bois.

La qualité de l'isolant est majeure pour assurer la pérennité de l'ouvrage.

- **La laine de bois** est produite à partir de résidus de scierie humidifiés, puis pressés et séchés pour composer des panneaux plus ou moins durs. Elle procure un bon confort d'été.

- **La laine de chanvre** en rouleau ou en panneau est associée à du coton pour accroître sa souplesse (jusqu'à 40 %). Elle est traitée contre la prolifération des moisissures pour minimiser les risques de dégradation dans le temps. Un liant organique à base de polyester (environ 15 à 20 %) est incorporé pour donner au produit sa cohésion.

- **Les plumes de canard** sont d'excellents isolants thermiques (ils emmagasinent d'importantes quantités d'air). Ils régulent aussi l'humidité qu'ils absorbent quand elle est excessive et la restituent progressivement par temps sec. Ces isolants sont constitués de 70 % de plumes, 10 % de laine de mouton qui leur confère une bonne élasticité et 20 % de fibres textiles polyester servant à lier les plumes et la laine. Les panneaux semi-rigides servent à l'isolation des murs.

- **La ouate de cellulose** est un bon isolant thermo-acoustique qui provient du recyclage de papiers et de cartons. Les fibres obtenues sont habituellement ignifugées et mélangées à du sel de bore pour résister aux parasites. Elle existe sous forme de panneaux ou de flocons.

La certification ACERMI
Elle est attribuée aux isolants thermiques possédant un avis technique (Atec) publié par le CSTB. Il convient de consulter le site du CSTB (rubrique avis technique) pour identifier ces isolants.

1 Les panneaux en laine de bois conviennent idéalement à l'isolation des maisons à ossature bois.

2 Le coton recyclé sous forme de panneau se fixe au mur avec des collerettes. Il est associé à une ossature métallique pour l'habillage en plaques de plâtre.

3 Le chanvre posé entre des bois isole les parois verticales.

- **Le lin** sert à fabriquer des isolants en panneaux semi-rigides ou en rouleaux. Ils sont habituellement traités contre les parasites par du sel de bore et contre les moisissures par du silicate de sodium. Leurs performances sont similaires à celles du chanvre.

- **La laine de mouton** est lavée, immergée dans une solution de sel de bore. Elle est traitée contre les champignons, le feu et les insectes dont les mites. Sa conductivité thermique est variable selon le mode de fabrication qui intègre ou pas 12 % de fibres thermofusibles synthétiques.

- **Le coton** provient soit du recyclage de l'industrie textile, soit de récolte. Il est lavé, ignifugé, traité contre les insectes, les rongeurs et les moisissures. S'y additionne un liant polyester ou de laine de mouton.

Viser la performance

Comme pour tout isolant, on devra choisir un matériau en fonction de sa conductivité thermique (λ) sachant que plus cette valeur est basse, plus le matériau, à épaisseur égale, est isolant. Cette valeur est obligatoirement indiquée sur les emballages des produits certifiés. La résistance thermique R varie obligatoirement. En divisant l'épaisseur du matériau par le λ, on connaît la résistante thermique R exprimée en $m^2.K/W$.

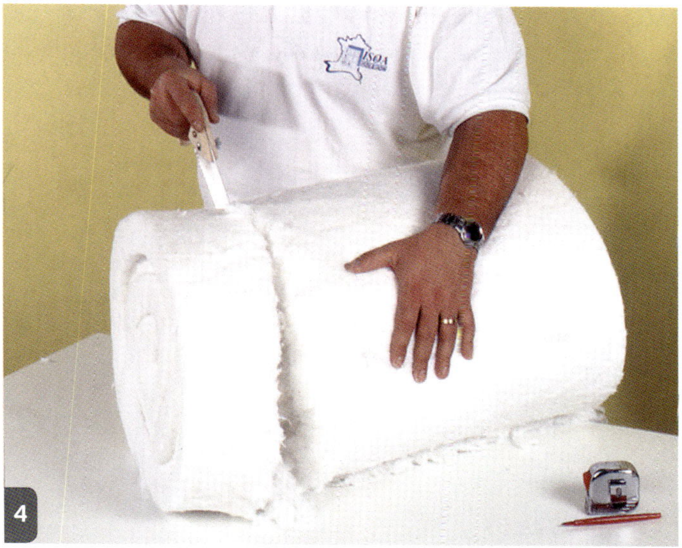

4

5

6

4 Le coton est un isolant naturel qui convient à toutes les situations. Selon l'usage, il se présente différemment. Les coupes s'effectuent avec un couteau.

5 Les plumes de canard sont plus délicates à couper en dimensions pour les ajuster au plus près des structures.

6 La laine de mouton est un isolant naturel. Comme pour les précédents, on doit contrôler ses performances thermiques et s'assurer qu'elle est certifiée ACERMI (« Batimouton » Naptural).

PLUMES ET BOIS
Mise en œuvre

La configuration d'une ossature en bois s'adapte au format de l'isolant. Elle est associée ici à des plumes de canard choisies pour leurs qualités.

Conformément aux normes européennes, l'isolant « Batiplum » (Naptural) ne contient aucune substance à risques. Outre son pouvoir de régulation hygrométrique, cet isolant n'est pas irritant. Son coefficient de conductivité thermique (λ) est 0,042 w/mk. Pour bénéficier à plein de cette performance, les conditions de mise en œuvre sont strictement dictées par le fabricant. On doit également considérer la notion de confort intérieur liée au taux d'humidité dans l'air ambiant et à l'isolement acoustique. Ces domaines sont à comparer avec les autres isolants.

- Du point de vue acoustique, le « Batiplum » réduit très nettement la transmission des bruits aériens et crée, à l'intérieur de la pièce, une agréable ambiance feutrée. Ce matériau répond aux exigences de qualité environnementale (HQE).

ISOLANTS ET ÉCOLOGIE

L'engouement pour un isolant « écologique » (de préférence certifié ACERMI) ne saurait se justifier sans se référer à l'impact environnemental de son mode de fabrication.

Celui-ci est évalué selon des méthodes normalisées sur la base de l'analyse du cycle de vie (ACV). L'ACV permet de totaliser l'ensemble des consommations de ressources (matière, énergies, transport) et des émissions (dans l'air, l'eau et le sol) effectuées au cours des étapes de la vie du produit.

Pour évaluer l'impact environnemental d'un produit, il est nécessaire de consulter les fiches de déclaration environnementale et sanitaire (FDE&S) basées sur leur analyse de cycle de vie. Ces fiches sont consultables sur le site www.inies.fr (base de données de référence sur les caractéristiques environnementales et sanitaires des produits de construction).

Les isolants végétaux n'ayant pas fait l'objet d'évaluations toxicologiques et sachant qu'ils contiennent des produits de traitement, il faut les manipuler en portant un masque, des lunettes et des gants.

1 Une ossature en bois convient idéalement aux isolants naturels tels que la plume de canard « Batiplum », pour poser ensuite un parement en lambris. Son épaisseur est adaptée à celle de l'isolant qui doit remplir intégralement la lame d'air.

2 L'isolant est posé en deux couches de 80 mm. La première vient se glisser derrière l'ossature décalée du mur pour que les panneaux soient jointifs.

3

La deuxième couche d'isolant tient en compression entre les montants et les entretoises de l'ossature. Elle remplit intégralement la lame d'air. En 80 mm d'épaisseur, la résistance thermique R = 1,80 m².K/W (selon l'avis technique délivré par le CSTB), coefficient thermique insuffisant pour que les travaux soient éligibles au crédit d'impôt (L'isolant existe en différentes épaisseurs que l'on peut conjuguer). Les entretoises constituent le support rigide nécessaire aux lambris.

L'étanchéité en plus

Les isolants naturels n'empêchent pas les murs de respirer. Ils ne bloquent pas les échanges entre l'extérieur et l'intérieur du bâtiment, mais se chargent plus ou moins d'humidité, ce qui fait baisser leur performance thermique. Il est donc nécessaire d'interposer une membrane très peu perméable à la vapeur d'eau et à l'air entre eux et le parement décoratif intérieur pour renforcer l'étanchéité et diffuser les vapeurs de manière constante et répartie, afin d'éviter les pertes de performance thermique.

Les laines minérales revêtues d'un pare-vapeur kraft (orienté vers l'intérieur de la maison) s'utilisent également avec une membrane freine-vapeur adaptée aux isolants fibreux qui, rappelons-le, sont peu sensibles à l'humidité. La membrane « Vario Duplex » (Isover) qui adapte sa structure moléculaire au taux d'humidité, (elle est auto-régulante) convient parfaitement en hiver comme en été.

Membrane et freine-vapeur n'ont d'efficacité que s'ils sont parfaitement étanches à toutes les jonctions du bâtiment. On utilise pour y parvenir, des colles ou des adhésifs spéciaux.

LAINE DE ROCHE ET OSSATURE MÉTALLIQUE

Mise en œuvre

L'isolation des murs par l'intérieur préserve la façade. Quel que soit l'isolant, le principe de montage est pratiquement le même.

L'isolation supprime l'effet de parois froides et les risques de condensation. Elle économise la facture énergétique et procure un excellent confort. L'isolant « Rockmur Kraft » mis en œuvre est en 45 mm d'épaisseur. Sa résistance thermique est R = 1,2 m².K/W, ce qui s'avère insuffisant pour prétendre à l'éligibilité au crédit d'impôt. Celle-ci impose au minimum R = 2,8 m².K/W, sachant qu'il est conseillé d'atteindre R = 3,15 m².K/W. Cet indice correspond au même produit en 120 mm d'épaisseur. « Rockmur Kraft » (Rockwool) est un panneau de laine de roche semi-rigide revêtu d'un pare-vapeur kraft, en format 135 x 60 cm. Pour être efficace, l'isolation doit être réalisée en continu sans passage d'air, les raccords entre panneaux sont donc pontés avec un adhésif. L'adjonction d'un freine-vapeur améliore considérablement les performances.

DOUBLAGE AU CHOIX

Les plaques Fermacell sont une alternative aux plaques de plâtre. Leur effet hydrothermique joue un rôle essentiel dans le confort de vie. Leur aptitude à supporter jusqu'à 30 kg avec une simple vis sans cheville facilite les aménagements intérieurs. L'ossature métallique doit être remplacée par une ossature en bois pour réaliser une finition en bois (lambris ou planches).

- Ossature métallique. Elle est constituée de montants (M 48) et de rails métalliques (R 48). L'ensemble des éléments de cette ossature sert de support aux plaques d'habillage et permet d'intégrer l'isolant. Les gaines et les canalisations circulent entre le mur et l'isolant, ce qui évite les saignées d'encastrement. Le principe de montage est des plus simples. On commence par visser les rails en vis-à-vis au sol et au plafond à une distance du mur égale à l'épaisseur de l'isolant. Les montants qui viennent s'encastrer dans les rails se répartissent selon une largeur d'entraxe de 62,5 cm maximum. Ils offrent un support aux plaques de 120 cm de largeur qui se fixent avec des vis de 3,9 x 30 mm uniquement sur les montants pour permettre à l'ouvrage d'absorber d'éventuels mouvements du bâti.

1 Les rails se fixent en vis-à-vis au sol et au plafond à une distance du mur égale à l'épaisseur de l'isolant.

2 Devant l'allège, un rail est fixé entre deux montants pour servir de support à la tablette placée sous la fenêtre.

3 L'isolant se place derrière l'ossature, le pare-vapeur étant dirigé vers l'intérieur.

l est nécessaire d'ajouter un montant intermédiaire pour offrir un support à la plaque d'habillage.

L'ossature est placée devant tous les murs. On utilise le montant de l'allège (qui est en retrait) et celui qui vient en bout de mur pour réaliser l'habillage latéral de l'embrasure. Un nouveau montant est ensuite vissé sur cette joue.

Dans la partie supérieure du tableau, on termine l'ossature au-dessus de la tablette avec montants et rails qui sont ici sertis. L'isolant est intégré sur les côtés du tableau.

Pour habiller le tableau, on visse les plaques coupées à dimensions à raison d'une vis tous les 25 cm.

L'habillage se poursuit en allège en vissant les plaques uniquement sur les montants.

L'isolant étant placé contre le mur, et la plaque Fermacell vissée, la partie débordante est supprimée avec une scie égoïne.

DOUBLAGES INTÉRIEURS À PAREMENT PLEIN
Mise en œuvre

Une contre-cloison en matériau plein, dressée devant les murs extérieurs à isoler, est particulièrement efficace et économique.

Les briques plâtrières montées au plâtre ou au mortier bâtard, les carreaux de plâtre emboîtés et collés à joints décalés, conviennent au doublage des murs sains en parpaings ou en briques.
L'isolant intermédiaire en laine minérale est revêtu d'un pare-vapeur kraft, à orienter vers l'intérieur de la pièce. Les lés doivent être pontés avec un ruban adhésif (« Panolène GR » d'Isover Saint-Gobain ou « Acoustilaine » de Knauf). Ce dernier permet de renforcer l'isolation acoustique. On peut aussi choisir un isolant « naturel ».
L'isolant est maintenu contre le mur avec des pattes de fixation, la contre-cloison repose sur une semelle en matériau résilient. En partie haute, à la jonction du plafond, on interpose également une bande résiliente. Les bénéfices d'un tel système sont évidents :

- L'inertie thermique de la contre-cloison profite à la qualité de l'isolation.
- Une contre-cloison maçonnée offre une très haute résistance mécanique autorisant l'accrochage de charges lourdes.
- Elle permet le passage des gaines électriques.
- Elle est étanche à l'air (membrane d'étanchéité inutile).
- Dans une pièce humide, elle permet de poser directement du carrelage (support rigide).

DOUBLAGE À SEC

Récent et tout à fait innovant, le concept « Intuitys » (Imerys) met en œuvre des plaques de terre cuite (30 mm d'épaisseur), une ossature métallique, un isolant (au choix) et des accessoires permettant un montage à sec. Sans aucun apport d'humidité dans la pièce, plus léger qu'une contre-cloison traditionnelle (30 kg/m²), ce système limite la perte de place.

1

Les plaques de terre cuite montées mécaniquement sur une ossature métallique (« système Intuitys » de Imerys Terre Cuite) n'apportent pas d'humidité. Elles s'utilisent en cloison ou en doublage de mur avec un isolant intégré dans l'ossature.

2

Les lés d'isolant sont embrochés et maintenus pa des appuis de rénovation « Stil F530 » (Placoplatre clipsés dans une fourrure intermédiaire.

3

Maintenues en partie basse sur des agrafes pincées sur la lisse dissymétrique « Stil F530 » (Placoplatre), les plaques de terre cuite de 30 mm d'épaisseur se fixent sur les montants « Stil F530 » avec des agrafes, sans outil.

4

Des clavettes introduites dans la rainure des plaque assurent leur maintien et les solidarisent à joir constant.

Les murs extérieurs
On appelle « murs extérieurs », les murs qui donnent sur l'extérieur contrairement aux murs intérieurs qui séparent des pièces dans le volume chauffé.

Pour mieux choisir l'isolant voici quelques données :

LE COMPORTEMENT AU FEU

Autre critère de choix important, le comportement au feu fait l'objet du classement européen « Euroclasse » obligatoirement mentionné sur les emballages et qui se présente comme suit :

A1 et A2 : produit non combustible
B : produit faiblement combustible
C : produit combustible
D : produit très combustible
E : produit très inflammable et propagateur de flammes
F : produit non classé ou non testé

Posées à joints croisés, les plaques se superposent à sec. En dessous, les lés d'isolant avec pare-vapeur kraft sont jointés avec un ruban adhésif qui supprime les passages d'air.

Les joints se remplissent d'enduit avant de réaliser la finition au plâtre ou avec un enduit pelliculaire.

	Conductivité thermique (lambda l)	Marquage CE	Certificat ACERMI	Comportement au feu	Environnement (FEDES)
Laine de verre nu	0,030 (Multimax d'Isover)	oui	oui	A1	oui
Laine de roche nu	0,033	oui	oui	A1	oui
Chanvre	0,041	possible	possible	F	oui
Lin	0,041	possible	possible	E	non
Coton	0,038	possible	possible	E	non
Cellulose	0,039	possible	possible	E	non
Laine de mouton	0,040	possible	possible	E-F	non
Plume de canard	0,040	possible	possible	F	oui
Fibres de bois souples	0,038	oui	oui	E	non

DOUBLAGE ACOUSTIQUE POUR PIÈCE HOME CINÉMA
Mise en œuvre

La correction acoustique concerne la propagation du bruit à l'intérieur d'un même local, elle consiste à réduire le temps de réverbération d'un bruit (l'écho) dans la pièce où il est produit.

L'expression de la valeur unique de l'indice d'absorption acoustique est alpha w. Il caractérise le pouvoir d'absorption d'un matériau ou d'un revêtement. Plus le matériau est absorbant, plus son coefficient alpha sabine ou w est proche de 1.
L'isolant « Soniroll » (Isover) en 28 mm d'épaisseur a un coefficient alpha w de 0,65 (absorption pondérée). Il est mis en œuvre sous un parement en planches de bois brut de 18 mm d'épaisseur en 30 cm de largeur, sur les 4 murs de la pièce. Il résulte de cette installation une ambiance cocon et feutrée permettant de s'adonner au plaisir de l'écoute musicale sans perturber les voisins.
La couleur noire de l'isolant semi-rigide est mise à profit pour valoriser le décor en planches posées à joints creux. Ceux-ci favorisent le passage des sons et leur absorption par l'isolant.

- La laine se pose sur les murs sans collage, elle tient par simple compression entre des tasseaux de 27 x 27 mm vissés à intervalle régulier de 60 cm, en intercalant une bande résiliente qui les désolidarise des parois. Les tasseaux créent une ossature pour fixer les planches. Ils sont peints en noir pour se confondre dans l'isolant.
En prévision d'un éclairage indirect et pour atténuer la réverbération des sons, les planches de la rangée supérieure s'inscrivent en biais et en retrait du plafond. L'appui nécessaire à leur fixation est formé de cales triangulaires de 25 cm de hauteur vissées contre les tasseaux.
Choisies pour leur faible coût et leur fabrication en grande longueur (jusqu'à 4 mètres), les voliges sont clouées sur l'ossature dans le sens horizontal, sans raccord. Elles dissimulent l'isolant simplement perceptible à travers les joints creux de 5 mm.

1 Une pièce insonorisée laisse toute liberté d'écouter de la musique ou de regarder un bon film sans perturber la tranquillité du voisinage.

2 Une bande résiliente est intercalée entre les murs et les tasseaux. Après le vissage, on les peint en noir.

3 La découpe réalisée sur les cales permettra de placer les tubes fluorescents. Le vissage sur le côté des tasseaux dispose les cales dans un parfait alignement, à distance du plafond.

Les panneaux isolants coupés à dimensions avec un cutter s'inscrivent entre les tasseaux et tiennent par compression.

La planche supérieure est mise en place contre les cales qui la placent en biais.

Le clouage s'effectue dans le chant des cales. La tête des clous est chassée ensuite.

Après l'habillage du tableau de la fenêtre, on poursuit la fixation des planches en ménageant le joint creux de 5 mm.

À la jonction de deux murs, on fixe des tasseaux au bout des planches du premier mur pour offrir un appui à celles du dessous.

Silence et déco jouent de concert dans une pièce où les sons n'engendrent aucun écho.

CLOISONS VITRÉES
Matériaux

Leur but est de structurer un volume en imprimant un caractère architectural. Les cloisons vitrées revêtent de multiples aspects. Elles ménagent les perspectives et les passages de lumière.

On les conçoit pour séparer un secteur d'activité en ménageant les volumes et la perspective, pour favoriser les échanges lumineux, verbaux ou conviviaux ou simplement pour « garder un œil » sur une pièce adjacente sans en ouvrir la porte.
Les cloisons vitrées cumulent les avantages. Graphiques, elles séparent en beauté deux pièces (ou deux secteurs d'une même pièce), que leur structure soit métallique, en bois ou en plaques de plâtre. Au profit de la lumière et du volume préservé, elles ont une place de premier choix entre une cuisine et un séjour. Disposant d'une porte de communication intégrée ou de châssis ouvrants, leur style « verrière » est séduisant.

LES CHÂSSIS MÉTALLIQUES

L'ossature est constituée de fers en T de 35 mm et de cornières de 40 mm en acier. Traverses et montants formant feuillures sont assemblés par soudure par un artisan métallier à moins de posséder une bonne technique de soudage. Au niveau des assemblages entre verticale et horizontale, on supprime les surépaisseurs de métal en recoupant l'arrière des T ou une aile des cornières.
La distance entre les montants est variable. Elle résulte d'un choix esthétique pour que le pas s'accorde aux dimensions de l'ouvrage (en moyenne 30 à 35 cm). Le châssis reçoit les vitrages découpés sur mesure. Il peut s'agir de vitres claires, de verre armé ou sérigraphié voire opalescent selon le niveau de transparence souhaité.
Leurs dimensions doivent être très légèrement inférieures à celles des cadres pour prévenir les risques de casse sous l'effet des variations très légères éventuelles de l'ossature métallique. On compte en général un jeu périphérique de 2 à 3 mm. Les vitres se posent à sec sur un joint en mousse de caoutchouc alvéolaire dont une face est adhésive (« EPDM Kiso » de Tramico). En fond de feuillure, les vitres sont bloquées par des parcloses à clipser (qui remplacent le mastic de vitrier).

LES STRUCTURES EN BOIS

Des carrelets (ou tasseaux carrés) de 67 x 67 cm en sapin raboté (ou autre) constituent les montants de l'ossature. On ajoute des traverses qui segmentent la surface de la cloison. Celles-ci se répartissent également selon un critère esthétique pour créer un découpage régulier ou non par travées. Elles se fixent entre les montants par collage et vissage. Pour créer les feuillures nécessaires à la pose des vitres, des baguettes de bois sont rapportées en applique derrière les poteaux et les entretoises, dont elles dépassent la largeur. Les vitres trouvent ainsi un appui sachant qu'un joint mousse en PVC doit être interposé. De nouvelles baguettes fixées sur le flanc des carrelets ainsi que sur et sous les entretoises font office de parcloses. La dernière baguette qui enferme les carrelets et les traverses vient s'encastrer entre le débord des baguettes.

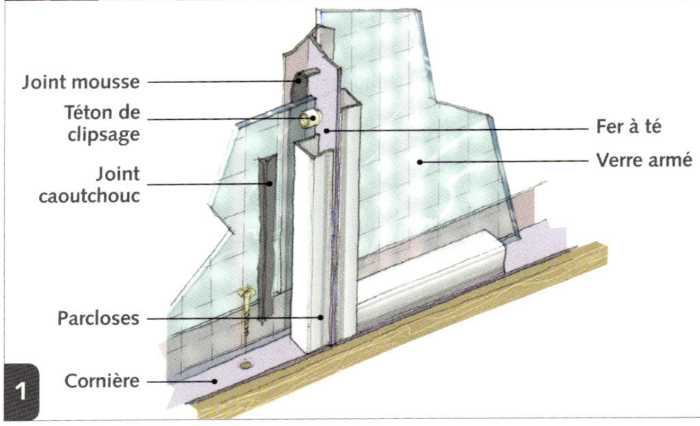

1

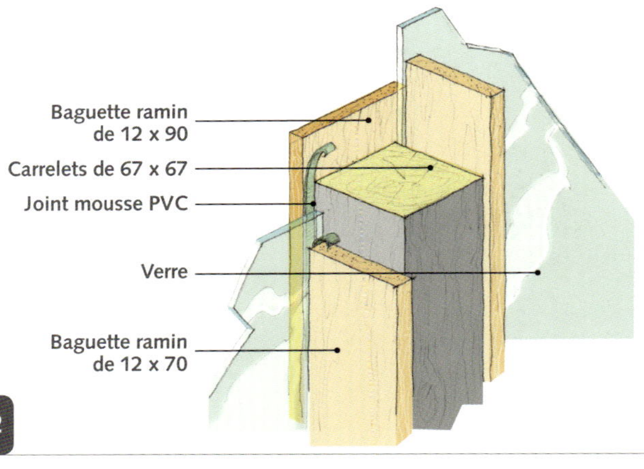

2

LES STRUCTURES EN VERRE ET PLAQUES DE PLÂTRE

Autre configuration, autre style. Les montants de la structure se présentent comme des petits coffrages en plaques de plâtre montées sur des profilés métalliques. Entre eux, des tablettes en verre s'intercalent entre les parements doublés alors que le fond de la structure est fermé par des grandes vitres.

Chaque montant se compose de deux profilés métalliques renforcés (« Placostil » M 48) dressés en vis-à-vis. Leurs extrémités hautes et basses sont engagées dans des rails vissés au sol et au plafond, dont la longueur conditionne l'écartement des montants et de ce fait la profondeur des étagères en verre. L'ossature ainsi formée reçoit sur chaque face un habillage de plaques de plâtre directement vissées sur les côtés des montants. Une seconde épaisseur de plaques est nécessaire pour maintenir les étagères et les vitres des fonds posés en alternance (vers l'avant et vers l'arrière des montants).

Sur les joues de montants, on commence par fixer en vis-à-vis deux hauteurs de plaque correspondant à la distance entre deux étagères. L'une est posée sur le chant des plaques puis on recommence l'opération à hauteur de l'étagère suivante. La largeur de ces rectangles de plaque est réduite de quelques millimètres pour former la feuillure destinée au vitrage de fond. Lorsqu'elles sont placées en fond de feuillure, les vitres sont maintenues par une bande de plaque débordante vissée au dos des montants.

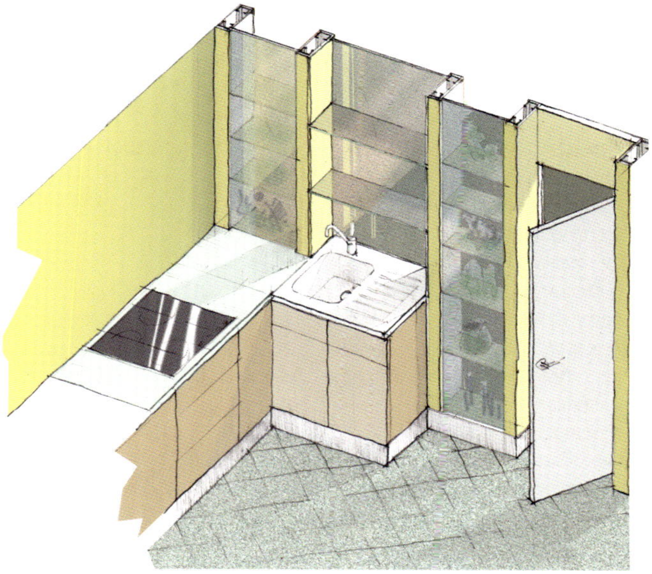

1 Un exemple qui trouve son équilibre. La cloison reprend le format des vitres implantées en partie haute de la cloison qui sépare l'escalier et la cuisine. / Le principe de montage d'un châssis métallique.

2 Entre la salle à manger et la cuisine, la cloison se compose de vitres séparées par des montants en bois. / Le principe de montage d'une structure en bois.

3 En prenant la forme d'une vitrine, la séparation en verre et plaque de plâtre alterne le sens d'accès aux tablettes. / Le principe de montage d'une séparation en verre et plaques de plâtre.

4 Armé, satiné ou coloré, le verre se présente sous de multiples facettes pour animer les cloisons.

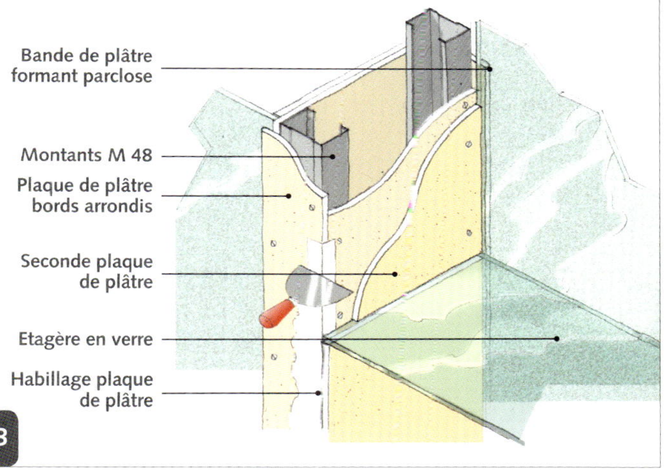

3

4

SOUBASSEMENTS
Matériaux

La hauteur du soubassement dépend de l'usage de la cloison (des meubles y seront adossés ou pas). Son mode constructif tient compte du poids de la structure vitrée.

Différents matériaux entrent dans la composition d'un soubassement. Ils impriment un style qui doit s'accorder à celui de la partie vitrée et s'adapter aux aménagements prévus :

- **Les carreaux de plâtre** de 10 cm d'épaisseur, ou en briques, conviennent aux soubassements devant supporter les cloisonnements vitrés lourds tels que ceux montés sur châssis métalliques.

- **Le bois** est envisageable avec des châssis en bois et une hauteur vitrée raisonnable. Ces soubassements sont plus larges que les châssis vitrés pour constituer une assise stable.

- **Les panneaux sandwichs** en métal, délicats à réaliser, se différencient des systèmes précédents car leur épaisseur se dessine dans la continuité de la partie vitrée, sans débord. De l'esprit verrière, on passe à l'esprit véranda.

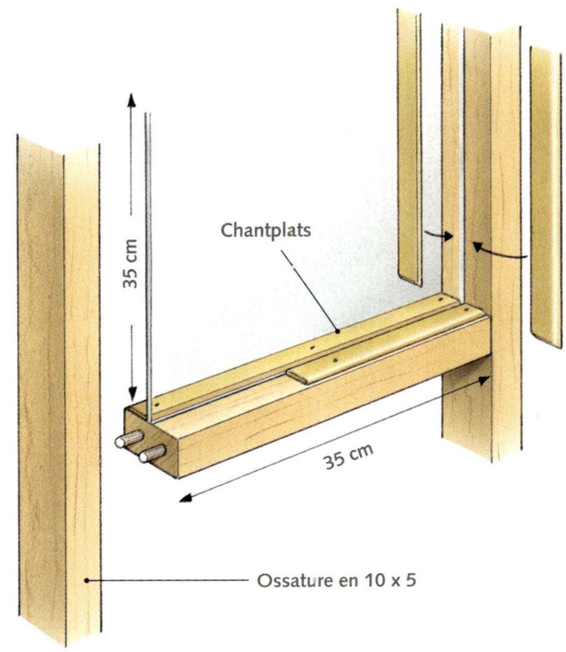

1

1 Entre la cuisine et le séjour, le graphisme de la cloison suit le découpage de l'escalier. Elle est montée en carreaux de plâtre de 10 cm d'épaisseur découpés en zigzag de 35 x 35 cm de côté à partir de 100 cm au-dessus du sol. Côté cuisine, cette hauteur permet d'adosser un meuble. La partie vitrée est appareillée avec des carreaux individuels de 35 cm de côté montés sur une ossature en bois de 10 cm d'épaisseur. Celle-ci est constituée de montants scellés, au plafond et dans la cloison pleine, et de traverses assemblées par tourillons dans les montants. / L'intérieur des carrés est garni de champlats qui prennent les bords des carreaux en sandwich. Le principe du montage.

2 Adjacente à l'entrée, la cuisine sans fenêtre profite de la transparence de la cloison pour capter la lumière. Celle-ci joue également un rôle important pour créer un contact visuel sur l'extérieur de la pièce. L'allège est une cloison en plaques de plâtre sur ossature métallique de 70 mm d'épaisseur qui accepte le poids des vitrages de H 100 x larg. 68 cm. Ils sont encastrés dans des traverses haute et basse débordantes de 3 cm et rainurées en leur milieu. En nez de cloison comme à l'opposé, deux poteaux (10 x 10 cm) scellés dans le plafond sont également rainurés à mi-épaisseur pour enchâsser les bords des vitres extérieures. Des tasseaux intermédiaires vissés en vis-à-vis entre les vitres complètent le montage et font office de couvre-joints. Leurs épaisseurs superposées équivalent à celle des poteaux moins les 8 mm du vitrage. / Le principe du montage.

3 De style verrière, la cloison partage sa hauteur en deux parties égales vitrées et en carreaux de plâtre habillés de parements en briquettes. La partie vitrée se compose de fers en T soudés sur un châssis constitué de cornières. Les vitres sont fixées au mastic traditionnel à l'huile de lin. / Le principe du montage.

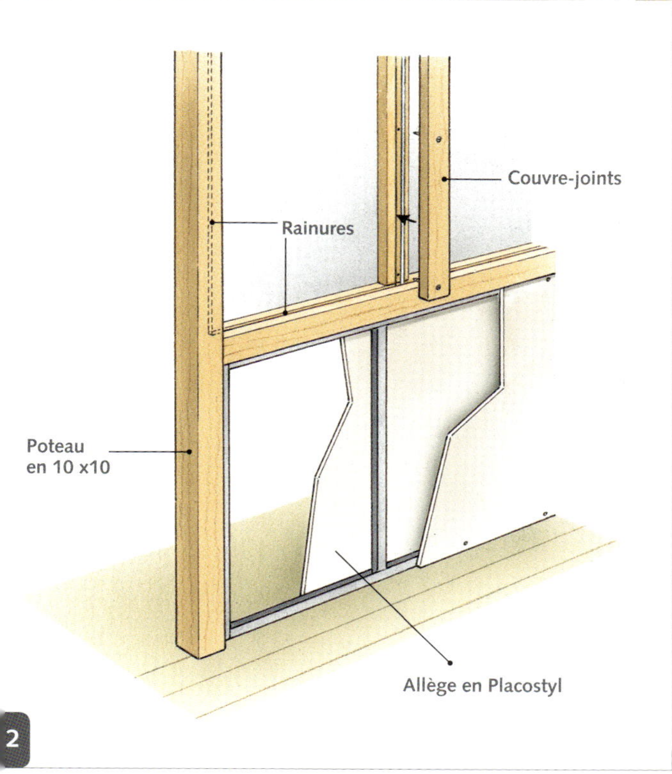
Couvre-joints
Rainures
Poteau
en 10 x10
Allège en Placostyl

2

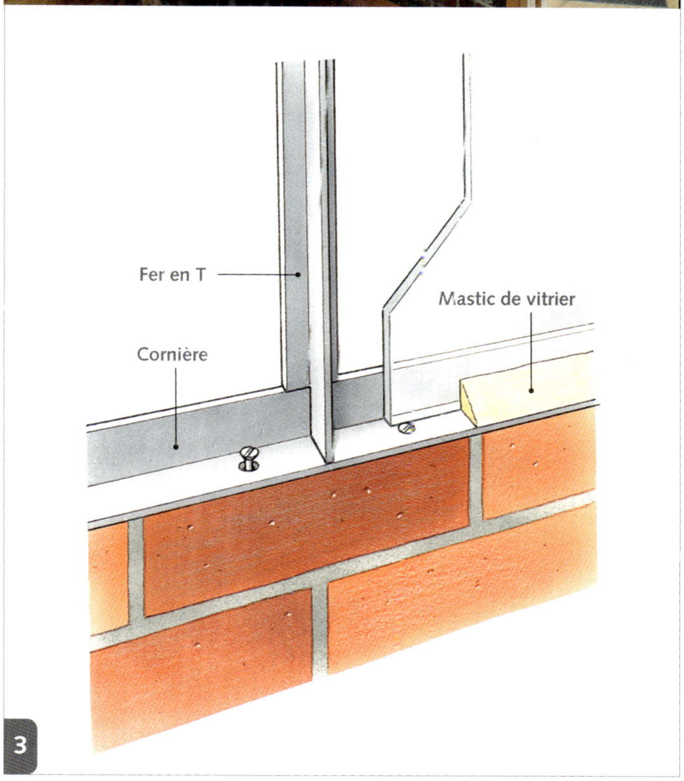
Fer en T
Mastic de vitrier
Cornière

3

CLOISON VITRÉE
Mise en œuvre

Chambre et bureau qui se partageaient le même volume sont séparés par une cloison vitrée qui distingue les fonctions en ménageant la perspective de jour et l'intimité de nuit.

Une porte de communication s'inscrit dans la cloison pour desservir les deux pièces. La hauteur des soubassements est calculée par rapport à celle de la bibliothèque.

L'OSSATURE EN BOIS

Elle est constituée de tasseaux de 60 x 40 mm fixés en périphérie, avec une interruption au sol de 84 cm au niveau de la porte de communication (largeur de la porte + épaisseur de l'huisserie).
On commence par visser un tasseau au plafond puis deux au sol. Ceux qui sont vissés dans les parois latérales les relient. Des bandes résilientes intercalées entre les bois et les structures désolidarisent la cloison du bâti.
Pour fixer le dormant de la porte, des montants intermédiaires sont ajoutés ainsi qu'une entretoise placée au-dessus. En partie basse, deux lisses relient ces montants aux tasseaux muraux à 80 cm de hauteur et forment des rectangles. Ils sont divisés par des tasseaux espacés de 50 cm environ qui créent les appuis aux parements d'habillage.
Compte tenu des déformations du plafond et des murs, l'ossature n'a pas un équerrage parfait. Aussi, pour implanter des châssis vitrés qui ne tolèrent aucun décalage, une correction est apportée par l'ajout de tasseaux intérieurs qui rétablissent l'équerrage.

1 Deux cloisons vitrées, créées de part et d'autre d'une porte de communication, séparent la chambre et l bureau autrefois réunis. Une solution graphique pour sectoriser le volume et améliorer la qualité de vie.

2 En suivant le tracé, visser le premier tasseau au plafond en intercalant la bande résiliente.

3 Sur le sol, les deux tasseaux placés de part et d'autre du passage intermédiaire sont vissés dans les mêmes conditions. Le fil à plomb détermine précisément le vis-à-vis.

4 Les tasseaux muraux achèvent le cadre, ils sont in tercalés entre ceux du haut et du bas et dissimuler la bande résiliente.

ɪABILLAGE DE FINITION

)es plaques Fermacell constituent les parements au ecto et au verso de la cloison. Elles se vissent en pplique sur les pièces de l'ossature. Les joints col- és (colle spécifique) évitent le bouchage à l'enduit t la pose de bandes de renfort. Pour le vissage, on tilise des vis autoperceuses TF de 39 x 30 mm es- acées de 25 à 30 cm, alignées à 10 mm des bords. .es plaques doivent être désolidarisées du bâti. Les ides se remplissent avec un joint souple de dilata- ion de type élastomère ou acrylique.

.ES CHÂSSIS VITRÉS

Jne animation subtile différencie les châssis vitrés. :lle repose sur l'emplacement des fers en T (largeur 30 mm) entrecroisés sur chacune des baies. Ces ièces métalliques segmentent la surface en quatre itrages feuilletés de 6 mm d'épaisseur. Elles sont oudées sur les cornières périphériques que l'on ixe en premier lieu par vissage dans le cadre de 'ossature en bois.

.es vitres se posent en dernier contre un joint com- ressible collé en fond de feuillure («EPDM Kiso» le Tramico). Elles se bloquent à l'aide de parcloses :omposées de baguettes en chêne vissées deux à leux à travers les fers en T. D'autres baguettes en :hêne servent de couvre-joints entre les cornières et 'habillage de finition.

Pour faciliter la mise en œuvre, les châssis sont fa- riqués en atelier et livrés pré-percés selon le plan le montage des vitres, confié au fournisseur. Des stores modulent la lumière selon les activités.

5 — **À 80 cm de hauteur, une longue règle ajustée de niveau permet de tracer l'emplacement de la lisse haute du soubassement.**

6 — **Les tasseaux répartis verticalement sont vissés en haut, et fixés en bas avec des équerres.**

7 — **Les équerrages sont rétablis par l'ajout de tasseaux à l'intérieur de la structure. Le soubassement creux permet de distribuer les gaines électriques.**

8 — **Les plaques Fermacell sont vissées des deux côtés de l'ossature qu intègre une laine minérale. Les joints sont collés.**

9 — **Dans l'encadrement intérieur de l'ossature préala- blement habillée et peinte, on fixe les châssis métal- liques par vissage.**

10 — **Des cales de vitrage sont placées en assise et en péri- phérie, puis on pose le joint auto-adhésif tout autour du châssis.**

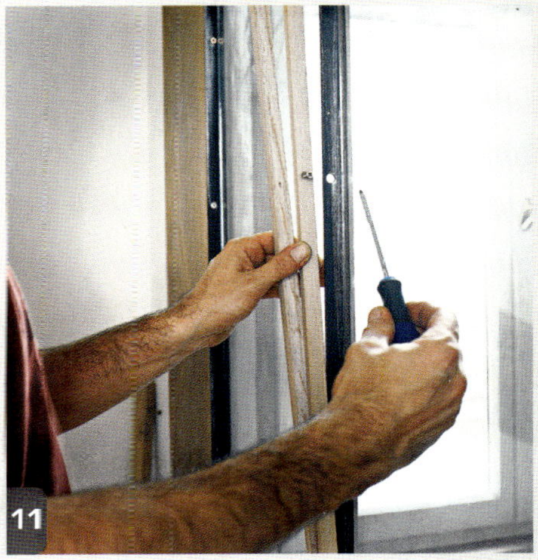

11 — **Les vitres étant montées, on les bloque avec les par- closes en chêne, vissées dans les pièces métalliques livrées prépercées.**

CLOISONS COULISSANTES
Aménagement

Idéales pour maîtriser les volumes, les cloisons coulissantes font preuve de créativité. En version occultante ou vitrée, elles ne sacrifient pas les volumes préservés par leur modularité.

Au-delà de l'esthétique mise en scène par les matériaux et les couleurs, ces cloisons n'engagent pas de gros travaux. Les supprimer quand elles ne sont plus justifiées ne détruit pas le décor qui demande juste quelques retouches.

- En applique (A) : les portes coulissent latéralement devant les parois, ce qui nécessite des largeurs de débattement équivalentes à celle de l'ouverture. Si la configuration de la pièce le permet, on peut remplacer deux panneaux par un seul qui, deux fois plus large, demande le double de débattement. Le problème des meubles se pose car la (ou les) parois devant lesquelles la (ou les) portes coulissent sont condamnées.

- Le galandage (B) est ingénieux car la porte coulisse entre deux parois. Cela nécessite une cloison de 10 à 17 cm d'épaisseur selon les fabricants. Il existe des systèmes complets constitués d'un caisson support de maçonnerie et de toute la mécanique de coulissement, rails inclus (Eclisse, Scrigno – modèles multiples – Mantion...).

- Les panneaux suspendus. Au-dessus des panneaux, des chariots vissés coulissent dans un rail haut fixé au plafond (ou sous une retombée du plafond). Au sol, il est recommandé de prévoir un guidage invisible à peine saillant, qui s'encastre dans une rainure réalisée sous les panneaux pour éviter le battement. Les panneaux le plus souvent en bois (du latté de préférence car il est plus léger que tout autre matériau), reçoivent une finition de surface personnalisée. Les rails standard et leurs chariots sont proposés dans les magasins de bricolage. Il existe des modèles spécifiques aux panneaux en verre (Dorma, Mantion). Dans tous les cas, les systèmes sont conçus pour supporter des poids limites indiqués.

- Les panneaux roulants au sol offrent deux points d'appui et de guidage au sol et deux maintiens en partie haute. Le rail de sol est alors visible, comme un seuil de porte ce qui rompt la continuité du revêtement. Les systèmes extra-plats limitent les risques de buter, d'autres, à encastrer, les évitent. Le rail s'insère à fleur du revêtement dans lequel il faut réaliser une défonce.
La fluidité du coulissement n'est pas à négliger, les roulettes équipées de roulement à billes sont les plus souples. À vérifier aussi, la présence d'un dispositif anti-déraillement et celle d'un joint amortisseur au bout du rail. La perfection est obtenue avec un système de frein intégré pour amortir l'arrêt en fin de course.

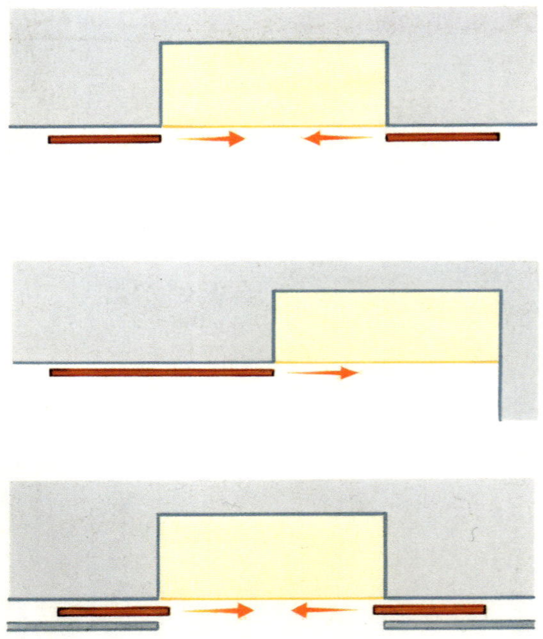
1
Les trois systèmes de cloison coulissante ont une incidence sur la mise en place du mobilier.

2
Les cloisons suspendues sont guidées en bas pour éviter le battement. Les guides vissés dans le sol s'encastrent dans une rainure invisible.

3
En version roulante, la cloison est dirigée par un rail de sol en saillie ou encastrée dans le plancher.

Les cloisons pliantes

À la mode dans les années 1950, ces cloisons dites «accordéon» tentent un retour sur le marché. Elles sont extensibles et suspendues sur un rail en plafond.

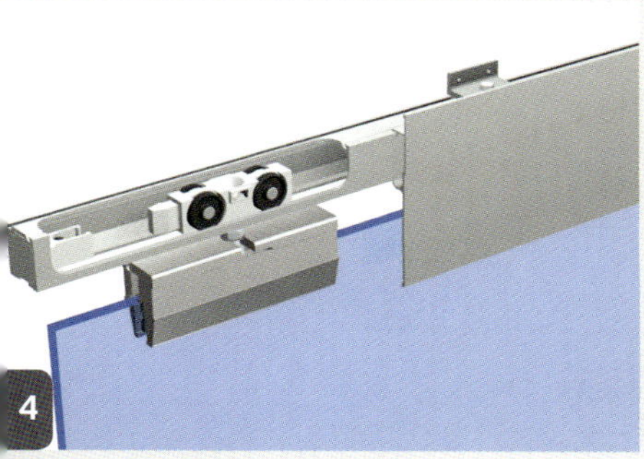

4

Des rails spéciaux pour les panneaux en verre sont dotés d'un système de liaison pour verres percés non trempés. Ou d'un système à pince pour verres non percés («Saftglass» de Mantion).

5

En version actuelle, la cloison accordéon extensible utilise de nouveaux matériaux aux coloris pimpants («Sogalflex» de Sogal).

6

D'inspiration japonaise, cette cloison se compose de panneaux en fibre de verre incassables et translucides montés sur des profilés en pin. Comme de nombreux modèles sur le marché, elle se fabrique en version standard ou sur mesure.

CRÉER DES OUVERTURES
Aménagements

Judicieusement placée dans une cloison, une ouverture diffuse la lumière en second jour, ou sert à établir avec plus ou moins de discrétion la communication entre les pièces.

Toutes formes et dimensions sont possibles. Ronde, ou longiligne, l'ouverture se prête aux passages de lumière en second jour et aux coups d'œil furtifs entre les pièces. Si l'on prévoit d'implanter une fenêtre, l'ouverture sera plus grande, de préférence rectangulaire dans le sens de la hauteur.

Ouverte ou fermée à la demande, la fenêtre d'intérieur prend un caractère fonctionnel : on passe les plats entre cuisine et salle à manger, on guette les balbutiements d'un nouveau-né endormi dans sa petite chambre, à l'écart de l'animation familiale.

LES OUVERTURES RONDES

Si le diamètre est réduit, elles se placent habituellement à hauteur des yeux. Le niveau diffère si l'on veut voir à travers en étant assis ou debout ! À l'œil-de-bœuf traditionnel peut se substituer une ouverture sans vitrage, simple cercle évidé dans la cloison. Ou encore un châssis vitré en aluminium dont le profil très fin réduit la perte de surface vitrée. Pour un châssis ouvrant, tenir compte de l'encombrement du débattement.

- Différents systèmes : ouverture articulée sur pivots pour répartir l'encombrement des deux côtés de la cloison, ouverture latérale (contraignante) ou système oscillant…

- Dans une cloison pleine, la découpe s'effectue avec un outil adapté au matériau. Pour de la brique, utiliser une meuleuse avec un disque à matériaux (ou disque diamant). Une scie égoïne à plâtre convient aux carreaux de plâtre, et une scie à béton cellulaire s'impose pour des cloisons montées avec ce matériau. Les bords de la découpe seront repris au plâtre ou avec un enduit spécifique au béton cellulaire avant que le châssis ne soit intégré.

- Dans une cloison à ossature en bois, on place le châssis obligatoirement entre deux montants et deux entretoises formant un chevêtre. Cette disposition évite d'affaiblir la structure qui ne subit aucune découpe.

1

2

- **Dans une cloison alvéolaire,** la découpe des ouvertures s'effectue à la scie sauteuse. La cloison alvéolaire de 7 cm d'épaisseur est composée d'une structure cartonnée entre deux parements en plaques de plâtre. Comme les découpes affaiblissent la cloison, il faut intégrer des cales de bois qui la renforcent. Réparties autour de l'ouverture, elles sont vissées des deux côtés de la cloison. Pour dissimuler le réseau cartonné, une bande de contreplaqué de 5 mm d'épaisseur est vissée sur les cales à l'intérieur de l'ouverture. Après mise en peinture, on en dissimule les arêtes avec une bande de joint, noyée dans de l'enduit.

1 **Dans cette réalisation, le châssis circulaire standard vissé dans les entretoises est bloqué par deux disques en contreplaqué de 10 mm d'épaisseur et de 5 cm de largeur vissés en applique de part et d'autre de la cloison.**

2 **L'ossature en bois est habillée de clins. Pour éviter le style hublot, le vitrage est garni de croisillons rapportés par collage.**

3 **La cloison partielle est agrémentée d'un châssis vitré articulé sur pivots pour répartir l'encombrement de chaque côté.**

4 **La cloison alvéolaire est renforcée par des cales en bois réparties autour de l'ouverture.**

5 **Quelques-unes de ces ouvertures circulaires sont habillées de vitraux conçus sur mesure.**

3

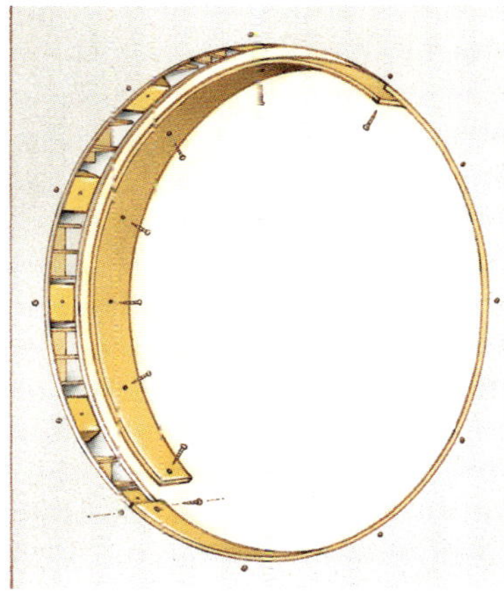

4

5

INTÉGRER UNE FENÊTRE
Mise en œuvre

Une fenêtre d'intérieur joue un rôle fonctionnel et décoratif. Elle établit une communication franche entre deux pièces, et invite la lumière à traverser la paroi tout en l'animant.

Il faut respecter des proportions cohérentes entre la surface de la cloison, le format de l'ouverture et ses dimensions pour créer un équilibre visuel de l'ensemble. L'encombrement des vantaux ouverts ne doit pas entraver la circulation dans la pièce.
L'intégration d'un châssis vitré fixe établit une communication purement visuelle. Il peut être justifié dans une petite pièce pour ouvrir une perspective et l'enrichir en lumière.

- Dans une cloison creuse. Il est possible d'intégrer une fenêtre dans une cloison en plaques de plâtre sur ossature métallique. Les dimensions de l'ouverture se calculent pour qu'elle s'inscrive entre trois montants. On supprime le montant intermédiaire que l'on compense par des rails de consolidation transversaux. Les montants étant disposés à 60 cm de largeur d'entraxe, la largeur de l'ouverture est obligatoirement de 120 cm. La fixation des rails de consolidation s'effectue par vissage dans les montants. Ils mesurent la largeur de l'ouverture majorée de 40 cm. Ces débords, répartis de chaque côté, sont pliés en angle droit après découpe des ailes pour venir se plaquer contre les montants. Pour pouvoir visser le châssis sur montants et rails, ceux-ci sont orientés afin que leur partie plate entoure l'ouverture.

- Dans une cloison pleine. La découpe d'une cloison en carreaux de plâtre s'effectue avec une scie. La fenêtre se monte sur un châssis rapporté de même épaisseur. Les dimensions de l'ouverture sont supérieures à celles de la fenêtre et de son châssis rapporté. Il suffit de 2 cm sur les quatre côtés pour pouvoir engager les vis à noyer dans le plâtre et assurer un scellement durable. Les volets s'encastrent directement dans l'épaisseur des vantaux de la fenêtre. Ils doivent être montés avant que le calage de la fenêtre soit effectué.

Entre cuisine et salle à manger, l'ouverture fait office de passe-plats. Elle est équipée d'une fenêtre à vantaux (Portes du Monde).

INDEX

CRÉDITS

Couverture : photo A. Duarte - 4e de couverture : HG - HD : photo A. Duarte - BG - BD : photo P. Louzon
p. 2 photo Architecte F. Turpin/photo A. Duarte - p. 4 (1) doc. Lapeyre - p. 4 (2) doc. Isover - p. 4 (3) doc. Isover - p. 5 (4) doc. Placoplâtre - p. 5 (5) doc. Placoplâtre - p. 5 (6) doc. Isover - p. 6 (1 à 4) photos A. Duarte - p. 7 (5 à 13) photos A. Duarte - p. 8 (1 à 4) photos Jean-Pierre Lagarde - p. 9 (4) photo Jean-Pierre Lagarde - p. 10 (1) photo A. Duarte - p. 10 (2 à 4) doc. Knauf - p. 11 (5) photo A. Duarte - p. 11 (6 à 7) doc. Knauf - p. 12 (8) photo A. Duarte - p. 12 (9 à 11) doc. Fermacell - p. 13 (12) doc. Lapeyre - p. 13 (13 à 14) doc. Wedi - p. 13 (15) photo A. Duarte - p. 14 (1 à 3) photos A. Duarte - p. 14 (4 à 11) photos A. Duarte - p. 16 1 à 3) doc. Rouvière - p. 17 (4 à 5) doc. Rouvière - p. 17 (6) photo A. Duarte - p. 18 (1) dessin C. Bénitte - p. 18 (2 à 3) doc. Wedi - p. 19 (4) dessin C. Bénitte - p. 19 (5) doc. Knauf - p. 19 (6) dessin C. Bénitte - p. 20 (7) doc. Lapeyre - p. 20(8) dessin C. Bénitte - p. 20 (9) photo A. Duarte - p. 21 (10) dessin C. Bénitte - p. 21 (11) photo A. Duarte - p. 21 (12) doc. Lafarge Plâtres - p. 22 (1) photo Y. Robic - p. 23 (2 à 7) photos Y. Robic - p. 24 (1) doc. Fil Ecolith - p. 24 (2) doc. Placoplâtre - p. 24 (3) doc. Placoplâtre - p. 25 (4) doc. Isover Saint-Gobain - p. 25 (5) doc. Fil Ecolith - p. 26 (1 à 4) photos A. Duarte - p. 27 (5 à 13) photos A. Duarte - p. 28 (1) doc. Actis - p. 28 (2) doc. Baticoton - p. 28 (3) doc. Steico - p. 29 (4) doc. Isoa - p. 29 (5) doc. Batiplum - p. 29 (6) doc. Naptural - p. 30 (1 à 2- photos O. Perrot - p. 31 (3) photo O. Perrot - p. 32 (1 à 3) photos A. Duarte - p. 33 (4 à 9) photos A. Duarte - p. 34 (1 à 4) photos A. Duarte - p. 34 (5 à 6) photos A. Duarte - p. 36 (1) photo O. Perrot - p. 36 (2 à 3) Réalisation Christian Bénitte. Photos C. Bénitte - p. 37 (4 à 8) Réalisation Christian Bénitte. Photos C. Bénitte - p. 37 (9) Photo O. Perrot - p. 38 (1) photo Y. Robic – dessin C. Bénitte - p. 38 (2) dessin C. Bénitte - p. 39 (3) dessins C. Bénitte - p. 39 (4) doc. Saint-Gobain Glass - p. 40 (1) photo P. Louzon – dessin D. Lechaud - p. 41 (2) photo P. Louzon – dessin D. Lechaud - p. 41 (3) photo P. Louzon – dessin D. Lechaud - p. 42 (1) Réalisation Théo de Montalivet. photo Antonio Duarte - p. 42 (2 à 4) photos A. Duarte - p. 43 (5 à 11) photos A. Duarte - p. 44 (1) dessin D. Lechaud - p. 44 (2 à 3) photo A. Duarte - p. 45 (4) doc. Mantion - p. 45 (5) doc. Sogal - p. 45 (6) doc. Home Trotter - p. 46 (1) dessin D. Lechaud - p. 46 (2) Architecte F. Alezra. Photo Y. Robic - p. 47 (3) Photo P. Smith - p. 47 (4) Dessin D. Lechaud - p. 47 (5) Création M. Andrieux. Photo Ph. Louzon - p. 48 (1) photo P. Louzon - p. 49 (2 à 8) photos P. Louzon - p. 50 (1) Architecte FM Architecture. photo P. Louzon - p. 50 (2) photo P. Louzon - p. 51 (1) Architecte B. Lachaud. Photo Ph. Louzon - p. 51 (2) Architecte P. Fromanger. Photo A. Duarte - p. 51 (3) Architectes d'intérieur S. Laquerbe et J. Morey. Photo Ph. Louzon - p. 52 (1 à 3) photos Y. Robic - p. 53 (4 à 9) photos Y. Robic - p. 54 (10 à 15) photos Y. Robic - p. 55 (1 à 3) Réalisation Les Ateliers de Vérone. Photos A. Duarte - p. 56 (1 à 4) Réalisation Nathalie Gehot, Les Ateliers de Seine-Port. photos Antonio Duarte - p. 57 (5 à 9) Réalisation Nathalie Gehot, Les Ateliers de Seine-Port. photos Antonio Duarte - p. 58 (1 à 5) Réalisation Les Ateliers de Vérone. Toutes photos Antonio Duarte - p. 59 (1 à 2) photos A. Duarte - p. 59 (3) photo P. Louzon - p. 60 (1 à 5) Photos Antonio Duarte. Réalisation Les Ateliers de Vérone - p. 61 (1 à 3) Photos Antonio Duarte. Réalisation Nathalie Gehot, Ateliers de Seine-Port - p. 62 (1 à 3) Réalisation Nathalie Géhot, Ateliers de Seine-Port. photos Antonio Duarte

Direction d'édition : Thierry Lamarre
Coordination : Adeline Lobut
Conception et réalisation : Catherine Levard
Correction et révision : Isabelle Misery
Conception et réalisation graphique : Either studio
Conception de la couverture : Nicolas Valoteau

Éditions Massin
Publiées par Société d'Information et de Créations - SIC
Une société de Marie Claire Album
10, bd des Frères-Voisin 92792 Issy-Les-Moulineaux CEDEX 9 - France
Tél. 01 41 46 88 88
R.C.S. Nanterre 302 114 509
SARL au capital de 3 822 000 euros

© 2010, Éditions Massin - Société d'Information et de Créations - SIC

N° ISBN : 987-2-7072-0672-5
N° Éditeur : 38369
Imprimé par Graficas Estella (Espagne)
Dépôt légal : 3e trimestre 2010

www.massin.fr

Imerys : www.imerys-structure.com
Isoa Isolation : 2, rue Alfred Nobel 24759 Boulazac Cedex - 05 53 03 50 36 - www.isola.fr
Steico : www.steico.com
Nap'Tural : groupe Isoa
Actis : Avenue de Catalogne, 11300 Limoux - 0 800 04 04 04 - www.actis-isolation.com
Placoplatre : 01 46 25 46 25 - www.bpbplaco.com
Lafarge Plâtre : 0 820 385 385 - www.lagarge-platres.fr
Knauf : ZA 68600 Wolfgantzen - 03 89 72 11 12 - www.knauf.fr
Xella (Fermacell) : Le Pré-Chatelain, Saint-Savin 38307 Bourgoin-Jallieu cedex - 04 74 28 90 15 - www.xella.fr
Weber et Broutin : 0 820 00 30 00 - www.weber-broutin.fr
Desvres : 0801 10 81 08 - www.desvres.com
Wedi : 04 72 72 07 20 - www.wedi.de
Lapeyre : 0825 825 195 - www.lapeyre.fr
Fischer : 03 88 39 18 67 - www.fischer.fr
Rubson : 01 46 84 96 90 - www.rubson.com
La Rochère : 70210 Passavant-la-Rochère - 03 84 78 61 00 - www.larochere-bati.com
Saverbat : 03 44 46 44 88 - www.saverbat.com
Rouvière : 2, chemin de la Sabatière, 30210 Saint-Hilaire-d'Ozilhan - 04 66 37 01 93 - www.rouviere-bat.com
Geberit : 0 825 801 603 - www.geberit.fr
Xella (Thermopierre) : 04 74 28 90 15 - www.xella.fr
ParexLanko : 01 41 17 45 45 - www.parexlanko.com
Desvres : 0801 10 81 08 - www.desvres.com
Efisol : 01 41 37 57 00 - www.efisol.fr
CSTB : 4, avenue du recteur Poincaré 75782 Paris cedex 16 - 01 40 50 28 28 - www.cstb.fr
Rockwool : 111, rue du Château des Rentiers, 75013 Paris - 01 40 77 82 82 - www.rockwool.fr
Tramico : 02 37 38 64 00 - www.tramico-compriband.com
Batiplum (Nap'Tural) : 94, route de la Roche, 85210 Saint-Hermine - 02 28 14 04 73
CESA (Chaux et enduits de Saint Astier) : 24110 Saint-Astier - 05 53 54 11 25 - www.c-e-s-a.fr
Blathazard & Cotte : 15, rue Henri Dagalier 38030 Grenoble - 04 76 33 58 00 - www.balthazard.com
Eclisse : www.eclissefrance.fr
Mantion : 7, rue Gay-Lussac 25000 Besançon - 03 81 50 56 77 - www.mantion.fr
Scrigno : www.scrigno.net ou www.centrotelaiobyscrigno.it
Saint Maclou : www.saint-maclou.com
Isover : 01 47 62 40 00 - www.isover.fr
Dorma : Europarc, 42, rue Eugène Dupuis 94046 Créteil - 01 41 94 24 00 - www.dorma.fr
Sogal : ZA La Jumellière 49120 - 02 41 49 54 50 - www.sogal.com
Home Trotter : 3, rue Daval, 75011 Paris - 01 48 06 09 21 - www.hometrotter.com
Les Ateliers de Vérone : Crotet, 37350 La Celle-Guénand (stages de formations) - 06 15 87 69 63 - www.lesateliersdeverone.com
Ateliers de Seine-Port, nathalie Gehot : 9, rue Emile Paladilhe, 77240 Seine-Port - 01 64 41 72 38
Sika : 101, rue de Tolbiac, 75654 Paris - 01 53 79 79 00 - www.sika.fr
FM Architecture : 15, passage des Soupirs, 75020 Paris - 01 43 66 89 79
B. Lachaud : 35, rue du Temple, 17310 Saint-Pierre-d'Oléron - 05 46 75 69 98
G. Percal : 01 43 14 49 11 - www.gil-percal.com
Atelier Richard Boyer : 6, rue Jules Ferry, 93170 Bagnolet - 01 48 70 86 37
Fil Ecolith : 5, rue Stractmann, 90000 Belfort - 03 84 46 68 15 - www.fil-ecolith.com
P. Fromanger : Golf de Saint Mard, Chemin du Viltain, 78350 Jouy-en-Josas - 01 30 97 25 25
S. Laquerbe et J. Money : Parallèle 7, rue Greffulhe 75008 Paris - 01 47 42 14 38
Technichanvre : Les Kaolins, BP 3, 29340 Riec-Sur-Belon - 02 98 06 45 34 - www.technichanvre.com
La Pierre Fertile : 91, route de Briollay, 49100 Angers - 02 41 25 28 56 - www.lapierrefertile.com
Les Trois Matons : 337, RN 97 Route de la Farlède, 83130 La-Garde - 04 94 14 93 95 - www.les-3-matons.com
Caparol : (Daw France) ZAC de la Croix-de-Der, Rue du Capitaine Nemo, 80440 Boves - 03 22 38 39 40 - www.caparol.fr
Blancolor : Rue de Mousselière, 33133 Les-Angles - 04 90 15 22 50 - www.blancolor.com
Ressource : www.ressource-peintures.com

Dn dessine l'ouverture sur la cloison en suivant les indications d'un niveau pour ffectuer des tracés d'équerre.

Pour pouvoir engager la scie, on perce une succession de petits trous. L'opération s'effectue sur les quatre côtés.

a chute se dégage aisément du reste de la cloison. outefois, son poids étant important, il nécessite arfois de prévoir une aide.

Les carreaux de plâtre alvéolés sont plus légers que les carreaux pleins. Une particularité sans conséquence sur la qualité du scellement.

La fenêtre est ceinturée d'un châssis dans lequel on enfonce partiellement des vis en biais. Elles renforcent la tenue du plâtre nécessaire au scellement.

our caler le châssis d'aplomb dans l'ouverture, on le loque au moyen de cales en bois biseautées réparties régulièrement en périphérie.

On fixe des baguettes en applique sur les joints. De l'autre côté, on les bouche au plâtre. Châssis et tranches des carreaux sont d'abord humidifiés.

CLOISONS CINTRÉES
Matériaux

Tous les matériaux traditionnels de construction se mettent en œuvre pour monter une cloison cintrée. Le bois n'est pas en reste.

Plus ou moins accentué, il crée un mouvement circulatoire sans dresser de rupture stricte.

LE BOIS CINTRABLE

La mise en œuvre s'effectue sur une ossature en bois que l'on habille de panneaux à cintrer en contreplaqué ou en MDF. Une finition lambrissée ou en panneau de bois plaqué leur confère une douceur au contact et au regard.
Les panneaux en MDF cintrable ont une face crénelée qui permet de les courber dans un sens ou dans l'autre. L'espacement et la largeur de ces rainures déterminent le rayon de cintrage. Les panneaux sont proposés en version brute, plaquée, prépeinte ou teintée dans la masse. Le contreplaqué à cintrer se présente en panneaux minces (de 4 à 10 mm).

LES PLAQUES DE PLÂTRE

Les plaques de plâtre BA10 peuvent se cintrer aisément. Pour un rayon supérieur à 2 m, le cintrage s'effectue sans préparation particulière, par fixation directe sur les montants de l'ossature métallique. Entre les montants, respecter une largeur d'entraxe de 40 cm au maximum. Pour obtenir un rayon compris entre 1,50 m et 2 m, les plaques, posées sur des tréteaux rapprochés, devront être assouplies par humidification, la largeur d'entraxe entre les montants étant réduite à 30 cm. Pour un rayon inférieur, entre 0,90 m et 1,50 m, les plaques humidifiées seront placées sur un gabarit spécial, pour qu'elles en épousent progressivement la courbe avant d'être montées sur l'ossature. L'entraxe entre les montants sera de 15 cm au maximum.

1 Cette cloison est réalisée en contreplaqué monté sur une ossature en bois. Elle est habillée de lambris en cèdre rouge assez souples pour épouser le galbe.

2 Ce pan de cloison monté en carreaux de plâtre démarre droit et se termine en courbe. Il matérialise une séparation partielle et adoucie entre chambre et salle de bains.

En bousculant notre perception traditionnelle de l'espace, ces cloisons se justifient dans les volumes spacieux.

Elles s'intègrent volontiers dans les grands espaces où elles se justifient et prennent toute leur ampleur dans un ensemble où les formes qui se conjuguent s'apprécient avec du recul.

- En maçonnerie. La coupe des carreaux en béton cellulaire étant particulièrement aisée, c'est de préférence dans ce matériau qu'une cloison en biais sera envisagée. Les rangées, montées en décalage, seront retaillées sur les bords au moyen d'une scie spécifique au matériau pour dessiner le biais. L'application d'un enduit dissimule les joints.

- En bois. Une ossature en bois, de part et d'autre de laquelle on fixe des panneaux en contreplaqué ou en MDF, évite les surcharges au sol. L'ossature peut adopter toutes les formes. Elle est constituée d'un cadre en tasseaux et rigidifiée par des montants et des entretoises. L'ancrage au sol s'effectue par vissage. Des fixations supplémentaires au plafond ou contre une paroi perpendiculaire sont indispensables. Lorsque l'ossature est fixée, on l'habille de panneaux découpés à dimensions, à visser en applique.

- Une cloison en « U » (à trois pans) autorise des aménagements imperceptibles sur trois côtés, qui s'intègrent à la pièce avec discrétion. Désolidarisée des murs et du plafond, elle crée une séparation intelligente et permet d'intégrer des rangements, ou un linéaire de cuisine.

- En carreaux de plâtre (66 cm x 55 cm) pourvus de tenons et de mortaises, le montage s'effectue à joints décalés, par emboîtement et collage. Sur un sol stable et plan, le collage peut être direct. Toute autre situation impose de fixer dans le sol une semelle profilée en bois pour établir une base horizontale. Les carreaux se coupent à dimensions avec une scie égoïne à plâtre. Si la cloison atteint le plafond, la jonction s'effectue avec une bande en liège pour éviter la fissuration, et une bande de joint pliée à 90 ° collée pour moitié sur le plafond et le haut de la paroi. On monte simultanément la longueur et les joues de manière à entrecroiser les carreaux aux angles. Les débords se coupent après collage et séchage de la colle.

- En béton cellulaire, les carreaux répondent au même montage avec une colle spécifique au matériau. La rangée inférieure doit être posée sur un sol parfaitement plan dont on peut corriger les irrégularités par une épaisseur de colle.

1

2

3

1 Le volume est structuré par deux cloisons qui, placées en vis-à-vis, créent un passage triangulaire. Il en résulte une impression de hauteur, et des volumes proportionnés de chaque côté des cloisons.

2 La joue, qui offre une profondeur de 60 cm, a permis d'aménager une penderie côté chambre. L'autre côté de la cloison, qui est montée en béton cellulaire, s'anime d'un tableau lumineux (Kim Kuiper).

3 Décalée du mur et parallèle à celui-ci, la cloison en « U » dissimule trois linéaires de cuisine. Centré en partie haute, un hublot ouvre la vue sur le séjour.

COURBE EN PLAQUES DE PLÂTRE
Mise en œuvre

Conçue en plaques de plâtre BA 10, une cloison courbe peut être désolidarisée des parois latérales.

Choisies en 60 cm de large pour simplifier les manipulations, les plaques de plâtre BA 10 sont montées sur une ossature métallique constituée de montants Placostil M 48 fixés entre deux rails haut et bas Placostil R 48. Enduite et peinte sur les deux faces, la cloison est agrémentée de tablettes débitées dans des panneaux alvéolaires « Placopan » (BPB).

FORMER LE GALBE

Pour tracer l'arrondi de la cloison sur le sol, fabriquer un compas improvisé avec une pointe et un crayon reliés par une cordelette. En s'aidant d'un fil à plomb, repérer au plafond le centre du cercle partiellement tracé sur le sol (le point où le clou est enfoncé provisoirement dans le sol). Enfoncer le clou dans le plafond et tracer sur celui-ci, l'arc de cercle avec le compas. Avec le fil à plomb, repérer la projection des extrémités de l'arc de cercle tracé au sol.

LA FIXATION DES PLAQUES

Choisies en petite largeur (60 cm), les plaques de plâtre sont beaucoup plus faciles à cintrer que celles en 90 cm ou 120 cm. La cloison étant plus petite que leur longueur standard (2,50 m), aucun raccord n'est à prévoir. Les côtés débordants se coupent après avoir fini le premier parement, et avant de commencer l'autre sur l'envers de l'ossature. Fixer les plaques avec deux vis dans tous les montants intermédiaires, et avec trois vis dans les montants d'extrémités.

LES FINITIONS

En nez de cloison, deux finitions sont envisageables. Les profilés « Placolistel » (BPB) arrondis, en aluminium extrudé prépeint sont pourvus d'ailettes prépercées qui se vissent de part et d'autre de la cloison. Il suffit de les masquer, après leur fixation, avec l'enduit de finition. Ces profilés peuvent être remplacés par des alèses en bois demi-rondes, vissées dans le montant placé aux extrémités de la cloison.

Cette élégante séparation réalisée en plaques de plâtre est animée d'étagères.

Sur le plafond, reporter le centre du cercle qui est tracé sur le sol en maintenant verticalement un montant destiné à l'ossature.

Pointer le clou du compas improvisé, fabriqué avec une cordelette ou une baguette, sur le repère et dessiner l'arc de cercle au plafond.

LES ÉTAGÈRES CINTRÉES

Réalisées en panneaux alvéolaires de 50 mm d'épaisseur, les étagères épousent la courbe de la cloison. Les chants sont habillés d'une alèse en chêne de 10 mm x 50 mm, biseautée aux extrémités, et derrière laquelle un tasseau de 30 mm x 30 mm est collé. Celui-ci s'emboîte dans l'épaisseur des panneaux, il y est solidarisé par vissage.

FIXATION INVISIBLE

Pour fixer les étagères en « Placopan » (BPB), évider le réseau intérieur en carton à l'emplacement des clavettes. Celles-ci seront préalablement vissées dans le parement en plâtre. Après emboîtement des clavettes dans les tablettes, procéder à leur fixation par vissage en intervenant par-dessous, ou par-dessus selon leur niveau de sorte que les fixations ne se voient pas.

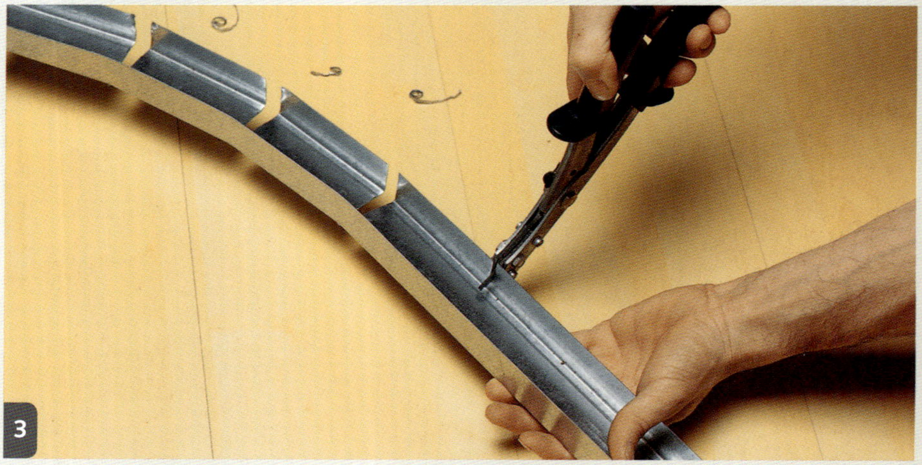

Tous les 10 cm environ, cranter une aile et le fond des rails haut et bas au moyen d'une grignoteuse, pour pouvoir les courber.

Sur le sol, visser le rail le long du tracé en plaçant une vis entre chaque découpe. Utiliser des chevilles conformes à la nature du sol.

Au plafond, utiliser des vis autoperceuses. Engager les montants et, en faisant un quart de tour, les stabiliser dans la bonne position avant de les visser.

Poser les plaques sur des tréteaux rapprochés, et les humidifier avec une éponge, sans les imbiber, pour les assouplir et faciliter la courbure.

Procéder à la fixation des plaques de bas en haut. Bloquer un côté contre l'ossature au moyen de serre-joints. Visser dans chaque montant.

Si le sol n'est pas plan, la rangée inférieure est posée sur des cales. Le jour sera par la suite masqué par une plinthe ou bouché à l'enduit.

COURBE EN PLAQUES DE PLÂTRE
(suite)

Les débords étant sciés au ras des montants, placer le profil de finition en nez de cloison. Si nécessaire, le couper à la hauteur exacte de la cloison.

Visser le profil dans les deux parements, à travers les trous répartis sur les ailettes et dans la rangée la plus éloignée du bord de la cloison.

Noyer ailettes et têtes de vis dans l'enduit. Faire les joints entre les plaques en superposant bande de joints et enduit. Poncer avant de peindre.

Des clavettes sont vissées dans les montants de l'ossature à travers la plaque de plâtre. L'horizontalité est vérifiée avec un niveau.

Découpée sommairement, la tablette est présentée contre la paroi. On y trace le profil de la cloison en utilisant une baguette percée traversée par le crayon.

Les tablettes arrondies s'emboîtent sur les clavettes. Les alèses munies de tasseaux se placent en dernier lieu, pour achever la finition.

ENDUITS MURAUX INTÉRIEURS
Mise en œuvre

Ils se différencient par leurs compositions qui déterminent leur fonction. Un enduit traditionnel, qui s'effectue en deux ou trois couches, reçoit un enduit décoratif en une ou deux passes.

Les enduits traditionnels à la chaux sont destinés à revêtir les maçonneries brutes.

- Le gobetis est un mortier assez liquide qui se projette à la truelle sur les supports bruts. On peut se le procurer prédosé ou le faire soi-même avec 2 volumes de chaux hydraulique naturelle (NHL 3,5) et, en moyenne, 3 volumes de sable de rivière (granulométrie 4 à 6 mm). Sur des pierres tendres, prévoir 5 volumes de sable, sur des pierres dures, 2 volumes suffisent.

- Le corps d'enduit s'applique vingt-quatre heures plus tard sur le gobetis humidifié. Moins liquide que celui-ci, il sert à planifier le support. Il se compose de 2 volumes de chaux (NHL 3,5) et de 5 volumes de sable. Projeté sur 20 mm d'épaisseur, puis égalisé à la truelle, il est taloché dès qu'il commence sa prise et taloché de nouveau pour faire ressortir le grain et faciliter l'accroche du troisième enduit.

- L'enduit de finition (ne pas le confondre avec un enduit décoratif) peut être mis en œuvre une semaine après sur 3 à 4 mm d'épaisseur. Il se compose de 1 volume de chaux aérienne (CL 90) et de 2 à 3 volumes de sable (granulométrie 0/2) passé au tamis de 10, et se prépare la veille. On l'applique de bas en haut du mur avec une lisseuse. Dès qu'il commence sa prise, il faut le travailler avec une taloche éponge en faisant des mouvements circulaires pour effacer les irrégularités de surface et faire remonter le grain. La coloration est naturellement obtenue par les sables qui entrent dans sa composition.
L'enduit de finition peut rester sans recouvrement d'un enduit décoratif, mais dans ce cas, il doit être resserré avec un platoir.

- La mise en teinte de la surface humide en mélangeant des pigments et de l'eau que l'on passe en plusieurs fois répond à la technique de la fresque. Sur un enduit de finition sec, un mélange de chaux et de terres colorantes (badigeon) peut être réalisé (sans oublier les adjuvants).

- Un enduit de recouvrement teinté dans la masse, préparé avec de la chaux, des terres colorantes ou des ocres naturels, et des charges (talc, poudre de marbre, sable…) est une finition décorative traditionnelle.

1
Le gobetis se jette à la truelle soit sur une maçonnerie brute, soit sur une sous-couche à base de silice passée préalablement sur un fond bloqué.

2
Le corps d'enduit doit être taloché pour faire ressortir le grain, ce qui favorise l'accroche de l'enduit de finition.

3
L'enduit de finition, appliqué au moyen d'une lisseuse, est travaillé avec une taloche éponge qui efface les irrégularités de surface.

CHANVRE ET CHAUX
Mise en œuvre

En associant chanvre et chaux, on réalise des enduits d'intérieur performants. Écologiques et sains, respectueux des bâtis, ils isolent les murs et les décorent avec élégance.

De multiples avantages et une singulière aptitude à rendre l'ambiance confortable caractérisent les enduits à base de chanvre et de chaux. Ils se mettent en œuvre directement sur les supports en pierre ou en brique. Sur du parpaing, l'application d'un mortier de chaux est recommandée au préalable. Dans tous les cas, le lieu doit être sec sain et ventilé. Cultivé depuis des lustres, le chanvre se présente sous la forme de copeaux calibrés plus ou moins fins appelés chènevotte.

SUR UN GOBETIS

Ce type d'enduit ne devant pas être appliqué sur un enduit de ciment ni sur parpaings, il faut dans ces deux cas, réaliser une couche d'accrochage (gobetis). Sur ce fond humidifié, le gobetis est projeté grassement à la truelle sur 1 à 1,5 cm d'épaisseur. Il est réalisé avec un mélange à base de chaux hydraulique naturelle « Batichaux » (Chaux et Enduits de Saint-Astier), et de sable (1 volume pour 2 volumes). Dans le but de renforcer l'adhérence de l'enduit de chanvre et de chaux, le gobetis est strié au moyen d'une spatule crantée.

PRÉPARATION DE L'ENDUIT

Verser 60 litres d'eau dans la bétonnière et ajouter la valeur d'un sac (35 kg) de « Batichanvre » (Chaux et enduits de Saint-Astier). Ce liant à base de chaux hydraulique est spécialement formulé pour être associé à du chanvre dans la réalisation des enduits. Laisser malaxer de trois à cinq minutes pour obtenir un lait de chaux homogène. Intégrer ensuite un sac de chanvre (100 litres) composé de copeaux de 15 mm et de fibres qui améliorent l'isolation et renforcent la structure de l'enduit (réf. CO 15 de Technichanvre). Le brassage en bétonnière doit continuer une dizaine de minutes, délai à l'issue duquel il se forme une mousse légère au-dessus du mélange gras et onctueux.

Enduit et confort

Les murs « respirent » sous un enduit de chanvre et de chaux qui régularise l'hygrométrie, isole du froid, de la chaleur et du bruit, sans encombrer l'intérieur de particules chimiques. Sains pour les bâtiments et pour leurs occupants, ces enduits 100 % naturels renouent avec la tradition et répondent aux préoccupations écologiques actuelles.

1 Sur le parpaing humidifié, on projette le gobetis à la truelle. À base de chaux hydraulique, il offre une bonne base d'accroche.

2 Pour l'égaliser, racler le gobetis à la règle. Celle-ci permet de contrôler la planéité de la surface.

3 Sur le support strié, on pulvérise de l'eau avant d'appliquer la première passe (dégrossi).

4 L'enduit gâché en bétonnière est prélevé à la main. Une bonne paire de gants est indispensable.

5 On presse l'enduit de bas en haut du mur sans chercher à l'égaliser, sur environ 3 cm d'épaisseur. Il doit remplir tous les creux.

6 Lorsqu'il est assez dur (mais pas sec) écraser l'enduit et l'aplanir à la main. Si nécessaire, on l'humidifie.

TRAVAILLER À LA MAIN

Une bonne paire de gants de protection est requise pour appliquer la première passe (dite dégrossi), à la main sur 2,5 à 3 cm d'épaisseur. Le travail s'effectue en continu, du bas du mur vers le haut, en pressant l'enduit sur le support préalablement humidifié.
Aussitôt qu'il commence sa prise, on l'aplanit en le frottant du plat de la main, sachant qu'il peut être assoupli en pulvérisant de l'eau. Mis en attente durant au moins 4 heures, l'enduit est travaillé à la taloche plastique pour obtenir un support régulier, mais non lisse sur lequel la seconde passe doit accrocher.
Le chantier doit être ventilé pour faciliter le séchage car la carbonatation de la chaux s'effectue avec le CO_2 de l'air et non avec la chaleur.

EN SECONDE PASSE

Une dizaine de jours plus tard, on peut envisager la deuxième passe. Le « Batichanvre » est remplacé par du « Décorchaux » (Chaux et enduits de Saint-Astier), à base de chaux aérienne très fine. De même, les copeaux de chanvre rustiques laissent place à une qualité plus fine (« technichanvre C005 »). Le volume d'eau est inchangé (60 litres).
Préparé en bétonnière (les composants y sont introduits dans le même ordre). L'enduit s'applique également à la main, toujours de bas en haut du mur sur 1 à 2 cm d'épaisseur et sans s'arrêter sous peine d'inscrire des marques de reprises. On le travaille à la taloche plastique par petits mouvements circulaires pour l'affiner, et en appuyant (« serrage ») pour le lisser. En faisant remonter la laitance sous l'action de la pression, le matériau se travaille plus facilement.

FINITIONS

Il convient d'attendre deux à trois mois pour entreprendre les finitions. Durant cette période, la pièce doit être ventilée au maximum pour favoriser les échanges. L'éclaircissement qui en résulte peut changer totalement l'aspect de l'ouvrage. S'il séduit ainsi, une finition est inutile. Sinon, un éventuel vernis acrylique incolore d'aspect mat et non filmogène peut être appliqué au spalter ou pulvérisé. Il évite les dépôts et autres incrustations de poussières. Pour un apport de couleur, un badigeon à la chaux convient ou un enduit fin de finition à base de chaux et de sable fin.

7

En seconde passe, l'enduit, de composition différente, s'applique en couche plus fine, de bas en haut.

8

Travailler l'enduit avec la taloche en plastique pour faire remonter la laitance et l'égaliser.

L'enduit de chanvre et de chaux a les qualités requises pour répondre aux préoccupations écologiques.

ENDUIT À PIERRES VUES
Mise en œuvre

Enrober les moellons et les laisser modérément apparents est une technique appelée enduire à pierres vues. Elle met en valeur les murs intérieurs sans masquer leur relief

PRÉPARATION DES SUPPORTS

Entre les moellons, les joints doivent être dégarnis par piochage sur deux ou trois centimètres de profondeur, sans entamer la terre qui apparaît en dessous car elle fait partie du bâti. Pour que la carbonatation de la chaux s'effectue idéalement, les pierres doivent être mouillées par pulvérisation, de sorte que l'eau contenue dans l'enduit ne soit pas absorbée trop rapidement par le support.

COMPOSANTS ET DOSAGES

L'enduit se prépare en bétonnière en mélangeant à sec trois à quatre volumes de sable pour un volume de liant. Celui-ci se compose de deux tiers de chaux hydraulique naturelle (NHL 3,5) et d'un tiers de chaux aérienne naturelle (CL 90). On ajoute de l'eau jusqu'à obtenir un enduit onctueux.

APPLICATION

L'enduit se jette à la truelle dans les joints dégarnis, opération appelée « beurrage ». Après quelques heures, l'enduit est assez durci, bien qu'encore frais, pour pouvoir éliminer les dépôts sur les pierres et pour le resserrer dans les joints avec une truelle langue-de-chat. Il est possible à ce stade de combler les manques. Les pierres se nettoient le lendemain une à une, à sec, avec une brosse en chiendent ou en laiton.

Bien choisir les sables

La coloration naturelle du sable donne la teinte de l'enduit. Le choix n'est donc pas à négliger pour obtenir un aspect final cohérent. Se procurer du sable dans une carrière locale est idéal.

L'enduit à pierres vues laisse les pierres apparentes. Il crée des décors adoucis, moins rustique que si les joints sont creusés.

L'enduit à la chaux, déposé sur une taloche, est prélevé à la truelle et projeté dans les joints jusqu'à les remplir au maximum.

Quelques heures plus tard, dès que l'enduit a fait sa prise, on racle les dépôts sur les pierres puis on le resserre dans les joints.

On utilise une pioche, un burin ou un marteau perforateur pour dégarnir les joints sans entamer la terre qui a servi à dresser le mur.

Le lendemain, les pierres peuvent être nettoyées et mises en valeur. On les frotte avec une brosse en chiendent ou en laiton.

a condition essentielle à la réussite d'une finition à la chaux st la préparation du support. Elle dépend de la nature de elui-ci.

Le velouté de la chaux et la stabilité des coloris créent des décors exceptionnels et durables si les fonds sont correctement préparés. Il convient de faire a distinction entre trois types de supports.

ES FONDS POREUX

n dit qu'un support est « ouvert » lorsqu'il est naturellement poreux. Cela oncerne les enduits à la chaux, la terre, la brique et la pierre. La préparation se mite au mouillage des fonds avec un asperseur avant d'appliquer une peinture u un badigeon à la chaux. Et ce, entre chaque couche.

ES FONDS NON POREUX

a chaux n'adhère pas sur un fond non poreux que l'on dit « fermé », c'est-à-dire n plaques de plâtre ou imperméabilisé par une ancienne peinture. Une peinture lycérophtalique doit être dégraissée avec de la lessive Saint-Marc et poncée. ur une peinture acrylique, on applique une à deux couches d'une peinture crylique blanche et mate contenant de la silice pour uniformiser les surfaces et s rendre accrochantes. Le liant (« Sikaflex » ou « Caparol ») s'ajoute dans tous s cas aux préparations à raison de 1 verre pour 25 litres de peinture à la chaux. i l'on dépasse les 3 à 5 % de liant, on annule l'aspect mat et la texture d'une einture à la chaux.

UR DU PLÂTRE

n passe d'abord une couche de peinture acrylique mate pour obtenir un support homogène. Ensuite, on applique une impression à la chaux (type « Imprim » e La Pierre Fertile ou « Sous-Couche pour Chaux », des Trois Matons). Le badigeon que l'on aura préparé ne devra pas contenir de liant acrylique. On peut ussi utiliser des badigeons adjuvantés prêts à l'emploi directement sur la peinture acrylique de fond. D'autres produits imposent l'emploi d'une sous-couche endue à cet usage par le fabricant (Ressource, Les Trois Matons, Blancolor...).

FRESCO OU A SECCO

Jn badigeon est dit a fresco lorsqu'il s'applique directement sur un enduit frais. Cela permet d'emprisonner les pigments dans l'enduit pour obtenir une meilleure tenue dans le temps. La technique est délicate car il faut travailler beaucoup lus vite que sur un fond sec. Le badigeon a secco peut se réaliser sur un fond ec préalablement humidifié.

1 Pour réussir peintures et badigeons, il convient de réunir tout le matériel approprié à la préparation et à l'application, sans oublier un séchoir à cheveux qui permet d'accélérer le séchage des essais de couleur.

2 La chaux en pâte adjuvantée évite les erreurs de dosage.

3 Les pigments naturels et les oxydes peuvent se mélanger entre eux. Dans tous les cas, il convient d'effectuer des essais.

BADIGEON TRADITIONNEL

Mise en œuvre

On l'applique en deux couches de même couleur pour bien couvrir le fond préparé à le recevoir. Les nuances s'effectuent ensuite avec des mélanges différents.

Ce badigeon d'un gris velouté est nuancé en surface avec un mélange plus foncé, par petites touches estompées. Pour réaliser les deux couches, sur une surface de 20 m², la quantité de peinture est évaluée à 3 litres. Il est possible de préparer la totalité en une fois, sachant que le mélange stocké dans un récipient bien fermé (un seau en plastique) se conservera entre les deux couches.

UN ORDRE CHRONOLOGIQUE

On commence par dissoudre les pigments dans un peu d'eau avec l'agent mouillant (quelques gouttes de produit à vaisselle). Pour obtenir cette couleur grise, les pigments sont dosés ici à raison de 2/3 d'ombre naturelle et 1/3 de bleu outremer. Le mélange est intégré à de la chaux en pâte puis l'ensemble est malaxé au malaxeur électrique à vitesse lente jusqu'à obtenir une pâte homogène en teinte et sans grumeaux.

Dans la mesure où le badigeon est appliqué sur une cloison en plaques de plâtre (fond fermé), une sous-couche pour chaux s'est imposée.

La douceur du coloris délicatement nuancé crée un décor élégant d'aspect mat.

La brosse se tient près des soies pour appliquer l badigeon de haut en bas du mur. On ne doit pas l « tirer », mais le déposer avec des gestes obliques.

On remarque aisément l'éclaircissement de la première couche sèche. On applique la seconde en faisant des gestes amples et réguliers, toujours en biais.

Sur la surface fraîche et en intervenant par secteur, on crée, avec une brosse propre, des nuances avec un mélange d'eau et de pigments plus foncés, dilués dans la chaux.

On reprend la première brosse pour estomper le taches et obtenir un moirage. Puis on poursuit la deuxième couche rapidement pour éviter les trace de reprise.

e nombreux fabricants proposent des enduits décoratifs rêts à l'emploi qui évitent de se lancer dans des « cuisines » lus ou moins savoureuses.

Leur prix étant très variable et les modalités d'application plus ou moins complexes, ces données et explications doivent être rigoureusement examinées vant l'achat. D'autant que pour certains produits, il faut prévoir de une à pluieurs passes, une sous-couche, une protection de surface… L'application d'un nduit demande une bonne maîtrise du geste et une certaine dextérité pour que mise en œuvre s'effectue ni trop lentement, ni trop vite.

Les peintures « épaisses ». Certains « enduits » qualifiés de peintures épaisses s'appliquent très facilement au platoir ou au rouleau sur tous les types de upports. Suffisamment épaisses pour masquer les petites fissures et autres déauts de surface, ces peintures peuvent être cirées, ce qui soutient leur teinte.

Les enduits minéraux prennent des appellations telles que « façon stuc », façon béton », « façon tadelakt », « façon pierre »… Proposés en pâte, ces enuits prédosés (ou systèmes décoratifs) évitent bien des erreurs dans les proortions des composants et intègrent des adjuvants qui évitent tous les ennuis arinage, mauvaise adhérence…). Leur mise en œuvre est à la portée de tout le nonde, et l'imitation des enduits traditionnels « faits main » est assez honorable. s sont généralement associés à une sous-couche qui leur permet d'accrocher ur tous les supports.

Les bases à teinter. Proposées en poudre, elles offrent une totale liberté de ouleur et d'effet final car on y inclut soi-même les terres colorantes (Chaux de Saint-Astier). Les bases à teinter s'appliquent sur une sous-couche adjuvantée n poudre à gâcher, formulée à base de chaux, de poudre de marbre et de plâtre « Décofond »). Celle-ci adhère sur tous les supports qu'ils soient ouverts ou fernés et les rend assez poreux pour recevoir l'enduit de finition. La base gâchée ans un seau se met en œuvre sur des murs humides, sachant qu'elle sera ecouverte de deux couches d'enduit décoratif. Si on la colore avec les pigments 15 % du poids de la poudre), une couche suffit. La pâte s'applique avec un latoir sur 1 à 2 mm d'épaisseur selon l'effet recherché (granuleux ou lisse). Dès e début de la prise, l'enduit est serré avec la tranche d'un platoir.
Complémentaire de cette base, un enduit pelliculaire de type stuc est appliqué. base de chaux, de poudre de marbre, de talc et d'adjuvants, il est gâché, maaxé et additionné de terre colorantes. L'enduit (« Décoliss ») déposé en couche ine sur le support humide doit être ferré au fur et à mesure, ce qui implique de ravailler par petites surfaces.

1

2

3

1 La base en poudre se malaxe dans un seau après avoir incorporé l'eau. On ajoute les pigments au choix.

2 La pâte s'applique sur 1 ou 2 mm d'épaisseur sur les supports humides avec un platoir tenu selon un angle fermé.

3 Sur le fond humide, l'enduit de finition s'applique en couche fine. Le platoir est donc manipulé selon un angle ouvert.

STUCCO FERRÉ
Mise en œuvre

Forts de leurs expériences, les artisans réalisent des enduits à la chaux dont ils ont mis au point leurs propres recettes. Ceux qui les dévoilent sont rares.

L'aspect très lisse du stucco ferré est réhaussé par des couleurs profondes aux effets moirés. Un résultat particulièrement spectaculaire et subtil.

LES DOSAGES

Sachant que l'on compte environ 500 grammes de chaux en pâte au mètre carré, la composition de l'enduit est la suivante :
Pour 2,5 kg de chaux en pâte, on intègre 1/2 verre de liant (« Sikalatex » de Sika), deux à trois cuillères à soupe d'huile de lin, un demi-verre de savon noir. Quant aux pigments, ils ne dépassent jamais 20 % du poids de la chaux.

- **Le liant** (résine ou latex) évite le farinage et fixe l'enduit. L'huile de lin l'assouplit, le savon noir l'imperméabilise et facilite la dispersion des pigments. Il permet également à la chaux de carbonater plus lentement offrant ainsi une meilleure garantie contre le faïençage. Le mélange s'effectue dans un grand seau puis il est brassé avec un malaxeur électrique.

EN DEUX PASSES

Pour recevoir la chaux, le fond doit être préparé avec une sous-couche d'accrochage spécifique adaptée au support.
La première passe d'enduit s'applique au spalter, dans tous les sens et sans épaisseurs. Elle doit couvrir le fond et imprimer des traces de cordage. Après le séchage, on met en œuvre le même mélange en procédant par petites surfaces successives. Un platoir en Inox remplace le spalter pour déposer l'enduit en deuxième passe, sans masquer le cordage. Sitôt l'enduit appliqué, on le ferre tant qu'il est frais.

FINITION

On utilise une cire incolore ou blanche et de haute qualité pour imperméabiliser l'enduit. On l'applique avec une lame de carrossier ou une raclette en plastique souple. Ainsi protégé, il peut gagner les murs d'une salle de bains (pas les parois d'une douche). Après le séchage de la cire, on procède au lustrage pour accentuer l'aspect satiné du stucco.

1 Récipient dans une main et spalter dans l'autre, on couvre le fond en variant le sens des gestes.

2 La deuxième passe est plus fine que la première. On la réalise avec un platoir Inox tenu incliné pour racler le fond. On ferre aussitôt.

3 Déposée en finesse, la cire est invisible. Elle protège le décor et lui offre un satiné délicat après le lustrage.